1학년 모여라!

동시 놀이터

유영미 지음

박영story

머리말

애들아, 우리 동시 놀이터에서 놀자!

요즘 동네 놀이터는 한산하다고 합니다. 그네와 미끄럼틀은 제자리에 있지만, 정작 그 위에서 깔깔대며 웃는 아이들의 모습은 잘 보이지 않습니다. 아이들은 다 어디로 갔을까요?

이제는 1학년 어린이들도 바쁘게 하루를 살아갑니다. 학원에 가고, 숙제를 하고, 시간에 쫓기듯 움직입니다. 저는 그런 바쁜 아이들에게 잠시 멈춰 설 수 있는 선물을 주고 싶었습니다. 그 선물이 바로 '동시 놀이터'입니다. 이곳에서는 시 한 줄이 그네가 되고, 노랫말 같은 문장이 미끄럼틀이 됩니다. 마음껏 뛰놀다가 잠시 앉아 쉴 수도 있는, 작은 쉼터이지요.

특별히 한국말과 한글이 아직 서툰 다문화 어린이들에게도 이 놀이터를 선물하고 싶었습니다. 동시는 길지 않습니다. 그러나 짧은 글 속에 깊고 넓은 세상이 담겨 있습니다. 그래서 말이 다 통하지 않아도, 함께 웃으며 놀다 보면 자연스럽게 마음이 이어질 수 있습니다. 저는 그 힘을 믿었습니다.

조금은 딱딱하게 다가올 수 있는 교과서 속 배움도, 동시라는 옷을 입히면 한결 부드러워집니다. 그래서 저는 1학년 통합교과의 주제들을 동시로 풀어내 보았습니다. 어린이들이 배움 앞에서 '해야 할 일'이 아니라 '함께 나누는 이야기'로 느낄 수 있기를 바랐습니다.

또, 동시마다 해설을 붙였습니다. 시를 읽고 스스로 느끼는 마음이 가장 소중하지만, 시를 쓴 제 의도와 생각을 솔직하게 나누고 싶었습니다. 해설 속에는 제가 아이들에게 건네고 싶었던 바람이 담겨 있습니다. 읽다 보면 사회정서학습

(SEL)과도 맞닿아 있음을 알 수 있을 것입니다. 그래서 이 책은 단순히 동시 모음집이 아니라, 아이들의 마음을 돌보고 성장시키는 작은 길잡이가 되기를 바랍니다.

그리고 마지막으로는 교실에서 애쓰시는 선생님들, 그리고 곁에서 늘 함께해 주시는 학부모님들께도 작은 도움이 되고 싶었습니다. 그래서 실제 수업이나 가정에서 활용할 수 있는 대화 예시를 덧붙였습니다. 아이와 함께 시를 읽고 이야기를 나누다 보면, 어른도 아이도 서로의 마음을 조금 더 가까이 느낄 수 있을 것입니다.

이 책은 어린이들에게는 숨 고를 쉼터가 되고, 선생님께는 따뜻한 동반자가 되며, 학부모님께는 다정한 벗이 되기를 바랍니다. 무엇보다 이 책이 남녀노소 누구에게나 열려 있는 '동시 놀이터'가 되길 소망합니다.

책장을 덮는 순간, 여러분이 세상의 모든 풍경 속에서 동심을 발견하길 바랍니다. 나무의 잎새에서도, 창문 너머 하늘에서도, 아이의 웃음소리에서도 동심은 빛납니다.

그 빛을 함께 바라보며, 다시 웃을 수 있기를 바랍니다. 감사합니다.

2025년 가을

유영미 드림

추천사

"우리 반은 선생님이 직접 쓴 동시로 수업한다!"

선생님이 직접 창작한 동시로 1학년 통합교과수업을 진행한다면 어떨까요? 아직 학교가 낯선 아이도, 글자가 서툰 아이도 모두 빠져드는 살아 있는 동시의 세계가 펼쳐집니다. 교실에서 나눈 대화는 동시가 되고 그 동시가 다시 살아 있는 수업이 되지요. 아이들의 마음을 활짝 여는 특별한 동시의 세계로 여러분을 초대합니다.

- 이현아(교사, 〈좋아서하는어린이책연구회〉 대표, 『감정을 안아 주는 말』 저자)

아이들과 좋은 시를 읽는 것을 좋아합니다. 초등학교 입학한 자녀에게 삶과 연계된, 더 나아가 교육과 연결된 동시를 건네주고 싶어 수많은 책을 펼쳐봤던 기억이 납니다. 늘 마음속으로 '1학년을 위해 정리된 동시집이 있으면 좋겠다.'라고 바랐는데, 이제 그 소망이 한 권의 책으로 다가오니 제 일처럼 기쁘고 반갑습니다.

이 책은 단순히 동시를 모아둔 모음집이 아닙니다. 학교, 사람들, 우리나라, 탐험, 하루, 약속, 상상, 이야기라는 여덟 가지 주제를 중심으로, 아이들의 눈높이에 맞춘 알맞은 동시와 그 속에 담긴 의미, 그리고 교실 수업 속에서 어떻게 활용할 수 있을지까지 함께 담아냈습니다. 아이들에게는 시의 감수성을 열어주는 길잡이가 되고, 교사와 부모에게는 교육적 실천의 길을 열어주는 보석 같은 책입니다.

책장을 넘기는 동안, 저 역시 교사이자 학부모로서 많은 영감을 얻었습니다. 아이의 마음에 시 한 줄이 씨앗처럼 뿌려져, 배움과 성장의 꽃으로 피어날 것을 기대하게 됩니다.

- 김진수(교사, 〈자기경영노트연구소〉 대표, 『초등 집중력을 키우는 동시 쓰기의 힘』 저자)

'입학'은 설렘과 낯선 두려움이 교차하는 특별한 순간입니다. 아이들의 마음속에는 '선생님은 무섭지 않으실까?', '친구는 잘 사귈 수 있을까?', '공부는 어렵지 않을까?'와 같은 크고 작은 질문들이 가득할 것입니다.

이 책은 초등 1학년 아이들의 막연한 불안과 궁금증을 시적 언어로 풀어낸 작품집입니다. "학교는 무섭지 않아요?"라는 질문에 "학교는 우리가 뛰어노는 놀이터야."라고 답하고 "공부는 어렵지 않을까요?"라는 질문에 "공부는 단풍잎처럼 천천히 네 안에 물들어갈 거야."라고 답합니다. 아이의 질문에 선생님이 다정한 목소리로 답하듯 정다운 시들이 가득한 시집입니다. 학교에서 일어나는 소소하고 즐겁고 때로는 두려운 일들에 대해 친절하게 답해주는 선생님의 고운 마음이 느껴집니다.

교과와 성취 기준, 사회정서 역량, 수업 활동을 제시해서 수업 시간에 알차게 활용할 수 있는 책입니다. 실제 학생들의 생활 모습, 활동 자료가 삽입되어 있어서 입체감도 느껴집니다. 시집 한 권에 학교의 봄, 여름, 가을, 겨울 사계절을 넣었습니다. 설렘으로 시작한 봄날부터 찬바람 쌩쌩 부는 겨울까지 학교의 계절을 담아내어 아이들에게도 친근하게 다가갈 것입니다.

이 책을 통해 우리 어린이들이 학교는 두려운 곳이 아니라 나를 성장시켜주는 고맙고 친숙한 곳이라 생각하면 좋겠습니다. 마음껏 웃고 떠들고 공부하며 꿈을 키우고 미래의 새로운 희망으로 잘 자라나길 두 손 모아 바랍니다.

- 윤지선(교사, 전국교사작가협회 〈책쓰샘〉 대표, 『초등 교사 영업 기밀』 저자)

학생들의 창작 시로 학급 시집을 엮을 때였습니다. 아이들의 시가 참 창의적이고 표현이 아름다웠습니다. '내가 아이들을 잘 지도했구나.' 하는 뿌듯함이 밀려왔습니다. 꼬마 시인들에 대한 칭찬과 고마운 마음을 담아 담임의 시 한 편 함께 싣고 싶었습니다. 아이들은 술술 잘만 써내려 가던데, 담임은 며칠 동안 썼다 지웠다 반복했을 뿐, 끝내 마음속 깊이 존재하는 진솔함을 시로 꺼내지 못했습니다. 시 수업은 할 수 있습니다. 하지만 교사가 마음먹는다고 저절로 시를 쓸 수 있는 건 아니었습니다.

여기, 매일 시를 쓰는 교사가 있습니다. 아주 사소한 일상의 찰나도 놓치지 않고 시로 승화시켜 귀한 순간으로 재탄생시킵니다. 시 한 편 완성하지 못한 저에게 그녀는 마법사처럼 보입니다. 더 놀라운 건 시를 쓰게 된 계기입니다. 그림책조차 길어서 이해하기 어려워하던 다문화 학생들을 위해, 아이들의 눈높이에 맞추어 직접 쓴 시로 수업을 하기로 했답니다. 그녀는 단지 시를 짓는 게 아니었습니다. 아이들을 위한 복을 짓고 있었습니다.

복 짓기는 시인 선생님의 교실에만 머물지 않았습니다. 통합교과에 맞춘 시, 그 시를 깊이 이해할 수 있는 해설, 그리고 수업 활용 예시까지 한데 모아 1학년 수업을 위한 종합 선물 세트 같은 책을 완성했습니다.

'이건 찐이다.'

책을 처음 마주했을 때의 제 마음이었습니다. 살아 있는 교육을 실천하는 찐 교사의 진심이 고스란히 느껴졌습니다. 이 책은 1학년을 가르치는 교사와 학부모에게 등불이 되어줄, 진하고 따뜻한 연료입니다. 시인이자 작가이자 교육자인 유영미 선생님, 그녀는 우리 교육의 희망을 짓고 있습니다. 16년 지기 벗이 매일 짓는 선물을 세상에 소개할 수 있어 더없이 행복합니다. 종합 선물 세트 받은 감사한 마음을, 용기 내어 5행시로 표현해 봅니다.

동 동심을 읽으려는 교사의 정성이 매일의

시 시로 피어났습니다.

놀 놀며 배우는 아이들의 웃음 속에서,

이 이해와 성장을 함께 키워가는

터 터전, 바로 이 책이 선사할 살아 있는 교실입니다.

- 김희영(교사, 〈자기경영노트연구소〉 회원, 『높임말로 대화하는 아이들』 저자)

차례

3장 우리나라

4장 탐험

5장 하루

6장 약속

7장 상상

8장 이야기

1학년 모여라! 동시 놀이터

1장

학교

입학

어제는
가방을 샀다

오늘은
필통도 샀다

모두 새것

처음 보는
학교 건물은
조금 낡았지만

처음 만나서일까?

내 눈에는
반짝반짝 빛난다

동시 해설

「입학」은 초등학교에 처음 입학하는 날, 아이가 느끼는 설렘과 기대감을 담은 동시입니다. 새로 산 가방과 필통은 아직 때 하나 묻지 않은 새것이고, 처음 보는 학교 건물은 조금 낡았지만 아이의 눈에는 반짝반짝 빛이 나는 곳으로 보입니다. 이 동시는 새 학기를 맞이하는 어린이의 순수한 감정을 잘 보여줍니다.

특히 마지막 구절 '내 눈에는 / 반짝반짝 빛난다'는 외적인 모습보다 새로운 시작을 바라보는 마음의 빛을 더 중요하게 여기는 태도를 상징적으로 표현합니다.

이 동시는 아이들에게 새로운 시작 앞에서 느끼는 다양한 감정들에 대해 생각해 보게 하며, '처음'이라는 경험의 설렘과 불안, 기대감 등을 솔직하게 표현하는 활동으로 확장할 수 있습니다. 예를 들어, 감정 무드미터를 활용해 시 속 주인공의 감정과 자신의 입학 당시 감정을 비교해 보고, 감정에 대해 친구들과 나누는 활동으로 연결할 수 있습니다.

수업 활용

교과 학교 1-1 6-7쪽

성취기준 [2슬01-01] 학교 안팎의 모습과 생활을 탐색하며 안전한 학교생활을 한다.

사회 정서 역량

영역	자기		관계		공동체	마음건강
핵심역량	자기 인식	자기 관리	관계 인식	관계 관리	공동체 가치의 인식 및 관리	정신건강 인식 및 관리
본 활동	✓				✓	

수업 활동

교사: 얘들아, 방금 읽은 시에서 주인공은 입학을 앞두고 어떤 감정을 느꼈을까요? 감정 무드미터에서 한번 찾아볼까요?

학생 1: '들뜨다'요!

학생 2: '재미있다'요!

교사: 맞아요. 새 가방, 새 필통에서 신기하고 설레는 마음이 느껴지죠. 그럼, 여러분이 입학하던 날은 어떤 감정이었나요? 감정 무드미터에서 나의 감정을 골라보세요.

학생: 저는 '걱정하다'였어요.

교사: 그랬군요. 무엇이 가장 걱정되었어요?

학생: 친구들이랑 잘 지낼 수 있을지 걱정이 됐어요. 다 처음이었거든요.

교사: 맞아요. 처음이라는 건 누구에게나 설레기도 하지만 조금 무서울 수도 있죠. 그럼, 시 속 주인공의 감정과 내 감정을 비교해 볼까요?

학생: 주인공은 신나고 설레는 마음이었고, 저는 불안하고 걱정됐어요.

교사: 그렇죠. 같은 입학이라는 상황인데도 사람마다 감정이 다를 수 있어요. 그 감정은 모두 소중하고 괜찮답니다. 지금 느끼는 여러분의 감정도 다 다르고, 다 괜찮아요.

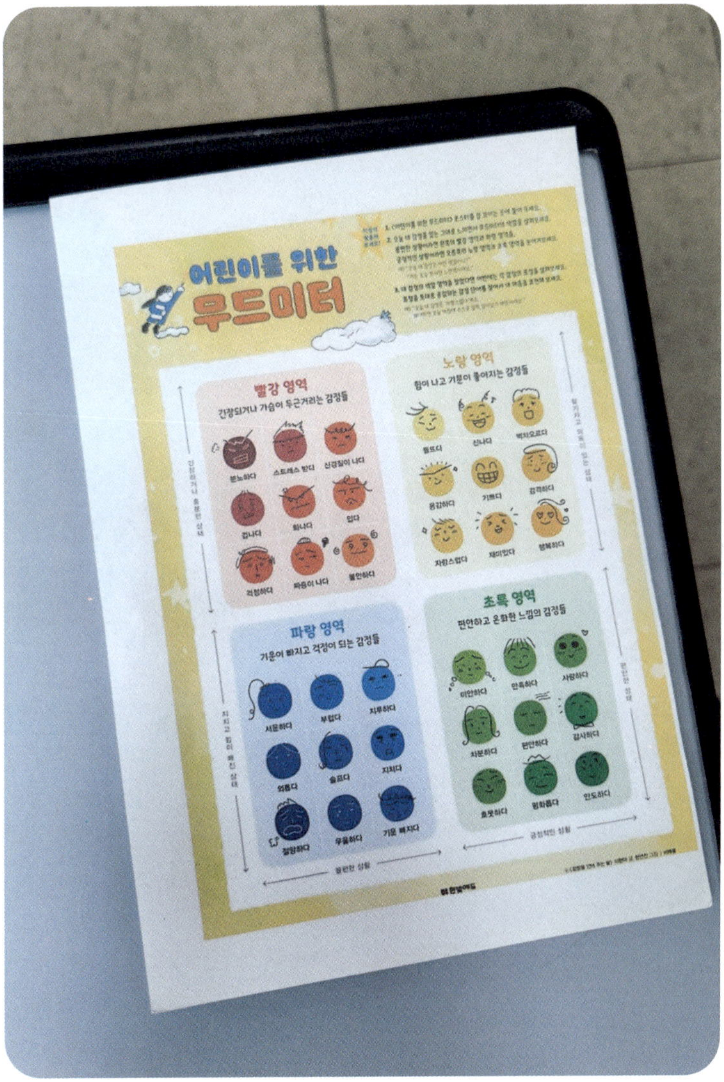

출처: 이현아(글), 한연진(그림). 감정을 안아 주는 말. 한빛에듀, 2024.

학생 책상 위에 붙인 '어린이를 위한 무드미터' 포스터

처음

처음 앉은 자리
처음 만난 친구
처음 보는 선생님
처음 펼친 교과서

모두 다 처음이라
조금 걱정돼

틀릴까 봐,
실수할까 봐

좋으면서도 낯설고
무섭지만 또, 신나

그래도 괜찮아
처음엔
다 그런 거야

동시 해설

「처음」은 새 학년, 새 교실, 새 친구와 함께하는 '처음'의 순간들에서 아이가 느끼는 복합적인 감정을 담은 동시입니다. '처음 앉은 자리', '처음 만난 친구', '처음 펼친 교과서'처럼 작지만 의미 있는 순간들이 반복되며, 설렘과 긴장, 낯섦과 즐거움이 뒤섞인 어린이의 심리를 섬세하게 보여줍니다.

특히 마지막 구절인 '그래도 괜찮아 / 처음엔 / 다 그런 거야'는 낯선 상황에서 느끼는 불안한 마음을 따뜻하게 다독이며, 아이뿐 아니라 주변 친구들에게도 용기와 위로를 전하는 말로 느껴집니다.

이 동시는 수업에서 감정 무드미터를 활용해 시 속 주인공의 감정과 경험을 연결해 보는 활동으로 확장할 수 있습니다. 예를 들어, '걱정돼요', '신나요', '무섭고 좋아요' 등 다양한 감정을 고르고 공유하며, 같은 상황에서 서로 다른 감정이 나타날 수 있음을 인식하게 됩니다. 또한 시 속 주인공에게 응원의 말을 포스트잇에 써 보는 활동을 통해 친구를 배려하고 위로하는 말하기 경험으로도 연결할 수 있습니다.

수업 활용

교과 학교 1-1 8-9쪽

성취기준 [2슬01-01] 학교 안팎의 모습과 생활을 탐색하며 안전한 학교생활을 한다.

사회 정서 역량

영역	자기		관계		공동체	마음건강
핵심역량	자기 인식	자기 관리	관계 인식	관계 관리	공동체 가치의 인식 및 관리	정신건강 인식 및 관리
본 활동	✓				✓	

수업 활동

교사: 얘들아, 방금 읽은 시에서는 어떤 상황이 나왔나요?

학생 1: 처음 학교에 온 날 같아요.

학생 2: 친구도 처음이고, 선생님도 처음이고요!

교사: 맞아요. 새로운 시작을 이야기하고 있죠. 시 속 주인공은 어떤 감정을 느끼고 있을까요? 감정 무드미터에서 골라볼까요?

학생 1: 걱정돼요.

학생 2: 신나요.

학생 3: 무섭기도 하고 좋기도 해요.

교사: 정말 그렇네요. 시 속에서도 '좋으면서도 낯설고, 무섭지만 또 신나'라고 했죠. 우리도 그런 적 있었나요?

학생 1: 네! 전학왔을 때요.

학생 2: 저는 캠프 첫날에 그랬어요.

교사: 맞아요. 처음이라는 건 여러 감정이 한꺼번에 찾아올 수 있어요. 걱정, 신남, 무서움, 설렘이라는 감정이 한 가지 상황에서도 겹칠 수 있어요. 동시의 주인공이 학교에 잘 적응할 수 있도록 응원의 말을 포스트잇에 써 볼까요?

학생들: 네.

동시의 주인공에게 쓴 포스트잇
(인형 주위에 포스트잇 붙이기)

궁금해

누가 있을까?
무엇을 배울까?

나는 학교가 궁금해

어디에서 왔을까?
뭘 잘할까?

학교는 내가 궁금해

동시 해설

「궁금해」는 아이와 학교가 서로를 바라보며 느끼는 설렘과 호기심을 담은 동시입니다. '누가 있을까?', '무엇을 배울까?' 하고 묻는 아이의 말에, 학교도 '어디에서 왔을까?', '뭘 잘할까?' 하고 속으로 되묻습니다.

특히 마지막 구절인 '학교는 내가 궁금해'라는 표현은 아이의 불안과 기대를 감싸 안으며, 학교가 아이를 따뜻하게 맞이하고 있다는 안심의 메시지를 전합니다. 아이들은 이 동시를 통해 낯선 곳에서 누군가도 나를 궁금해하고 기다리고 있다는 위로를 받을 수 있으며, 새로운 환경에 대해 열린 마음으로 다가가는 법을 배울 수 있습니다.

이 동시는 입학 초기 수업에서 친구와 짝이 되어 '학교'와 '학생' 역할을 나누어 질문과 답을 주고받는 역할 놀이 활동으로 확장할 수 있습니다. 이를 통해 아이들은 학교에 자연스럽게 적응하고, 서로에 대한 호기심과 관심을 긍정적으로 표현하는 방법을 경험하게 됩니다.

수업 활용

교과 학교 1-1 20-21쪽

성취기준 [2슬01-01] 학교 안팎의 모습과 생활을 탐색하며 안전한 학교 생활을 한다.

사회 정서 역량

영역	자기		관계		공동체	마음건강
핵심역량	자기 인식	자기 관리	관계 인식	관계 관리	공동체 가치의 인식 및 관리	정신건강 인식 및 관리
본 활동	✓				✓	

수업 활동

교사: 얘들아, 학교는 여러분에 대해 어떤 것이 궁금할까요?

학생 1: 어디에서 왔는지요!

학생 2: 무엇을 잘하는지요!

교사: 맞아요. 학교도 여러분을 처음 만나서 궁금한 게 참 많을 거예요. 이번에는 짝을 지어서, 한 명은 '학교', 한 명은 '학생' 역할을 해볼 거예요. 학교가 먼저 물어보면, 학생이 대답해 주세요.

(짝 활동)

학생 1(학교): 안녕! 나는 학교야. 너는 어디서 왔니?

학생 2(학생): 나는 ○○동에 살고 있어!

학생 1(학교): 그렇구나! 너는 어떤 걸 좋아하니?

학생 2(학생): 나는 그림 그리는 걸 좋아해!

학생 1(학교): 와, 멋지다! 우리 함께 재미있는 하루 보내자!

교사: 어땠나요? 학교의 질문에 잘 대답했나요?

학생들: 네!

교사: 오늘처럼 학교와 인사도 나누고, 궁금한 것도 나누면서 우리 학교와 사이좋게 지내봐요. 학교도 여러분을 정말 좋아할 거예요!

학생들: 네!

용기가 번쩍

학교 화장실은
우리 집이랑 좀 달라

가고 싶지만
왠지 겁이 나

꾹 참고 또 참았는데
이젠 정말 못 참겠어!

너무 급해서
용기가 번쩍!

혼자서
엉덩이도 닦고
물 내림 버튼도 꾹

쏴아

물소리와 함께
내 걱정도 끝

룰루랄라
돌아오는 길
콧노래가 절로 나와

동시 해설

「용기가 번쩍」은 학교 화장실이라는 낯선 공간에서 아이가 겪는 두려움, 그리고 스스로 해냈을 때의 뿌듯함과 자신감을 담은 동시입니다.

특히 '혼자서 / 엉덩이도 닦고 / 물 내림 버튼도 꾹'이라는 구절은 사소해 보이지만 어린이에게는 아주 중요한 자립의 순간이며, 뒤이어 나오는 '쫘아 // 물소리와 함께 / 내 걱정도 끝'에서는 신체적, 감정적 긴장이 함께 해소되는 장면이 경쾌한 소리와 함께 잘 표현되어 있습니다.

이 동시는 아이들에게 '처음에는 무섭지만, 해보면 할 수 있다'라는 자기효능감을 심어주고 스스로 '잘했어'라고 말할 수 있는 긍정적인 자아 인식을 길러줍니다.

수업에서는 색을 매개로 감정을 표현하는 활동으로 확장할 수 있습니다. 학생들은 시를 읽고 난 후, 화장실 가기 전 마음과 다녀온 후 마음을 각각 색으로 나타내며 감정의 변화를 시각적으로 경험해 봅니다. 이를 통해 아이들은 자신이 느낀 감정을 정확히 인식하고 그 변화를 긍정적으로 받아들이는 힘을 기를 수 있습니다.

수업 활용

교과 학교 1-1 22-23쪽

성취기준 [2바01-01] 학교생활 습관과 학습 습관을 형성하여 안전하고 건강하게 생활한다.

사회 정서 역량

영역	자기		관계		공동체	마음건강
핵심역량	자기 인식	자기 관리	관계 인식	관계 관리	공동체 가치의 인식 및 관리	정신건강 인식 및 관리
본 활동	✓				✓	

수업 활동

교사: 얘들아, 시에서 주인공은 처음에 어떤 마음이었나요?

학생 1: 무서웠어요.

학생 2: 걱정이 많았어요.

교사: 맞아요. 그런 마음은 어떤 색깔로 표현할 수 있을까?

학생 1: 회색이요.

학생 2: 저는 검정색이요.

교사: 이번엔 화장실을 다녀온 후엔 어떤 기분이었을까요?

학생 1: 기분이 시원하고 편했어요.

학생 2: 밝고 뿌듯했어요.

교사: 그렇다면 그 기분은 어떤 색으로 표현할 수 있을까?

학생 1: 노란색이요!

학생 2: 연두색이요.

교사: 아주 좋아요. 지금부터 여러분은 색종이 두 장을 골라서 한 장은 '화장실 가기 전 마음'을, 다른 한 장은 '화장실 다녀온 후 마음'을 색으로 표현해 보세요. 색종이에 그 감정을 그림으로 표현해도 좋아요.

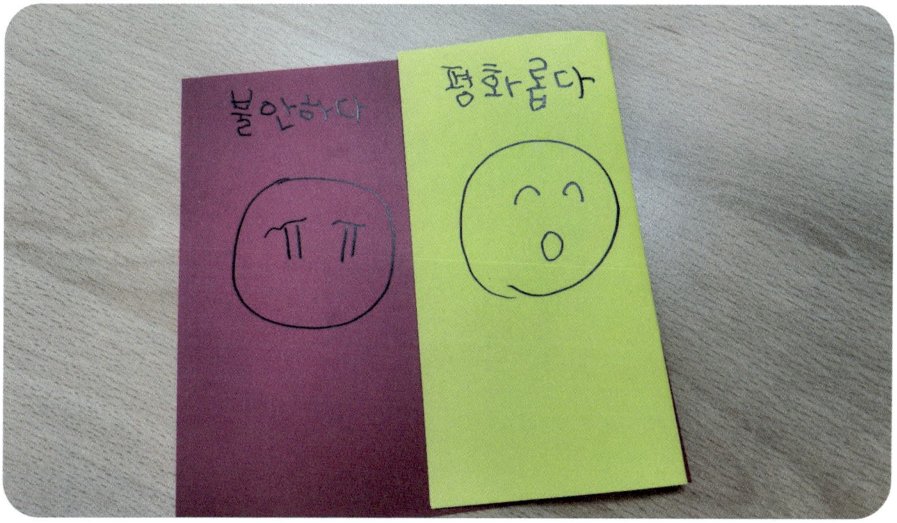

화장실 가기 전과 다녀온 후의
감정의 색을 색종이로 표현하기

한 입

오늘 반찬은
계란말이
자신 있지!

오늘 반찬은
김치 볶음
문제 없지!

오늘 반찬은
삼색나물
걱정이다!

콩나물 한 입
시금치 한 입
도라지 한 입

오물오물
꼭꼭 씹다 보면

어?
언제 다 먹었지?

동시 해설

「한 입」은 급식 시간에 마주하는 다양한 반찬 앞에서 아이가 느끼는 기대감, 낯섦, 그리고 용기 있는 도전을 따뜻하게 담아낸 동시입니다.

'콩나물 한 입 / 시금치 한 입 / 도라지 한 입'처럼 하나씩 먹어보는 과정은 도전의 시작이자 성장의 계기를 보여줍니다. 특히 '어? / 언제 다 먹었지?'라는 마지막 구절은 자신도 모르게 음식을 해낸 놀라움과 성취감을 담고 있어, 작은 용기가 일상의 기쁨으로 이어지는 과정을 잘 드러냅니다.

이 동시는 '싫은 것도 조금씩 도전해보면 괜찮아질 수 있다'라는 긍정적 태도와 마음가짐을 어린이들이 자연스럽게 느낄 수 있도록 도와줍니다.

수업에서는 아이들과 먹기 힘든 음식을 솔직하게 이야기 나눈 뒤, 그 음식을 어떻게 한 입 도전할 수 있을지 작전을 짜보는 활동으로 확장할 수 있습니다. 아이들은 친구들과 아이디어를 나누고, 상상 속에서 먹는 몸짓까지 해보며 도전에 대한 거부감 대신 재미를 느끼고 자신감을 키울 수 있습니다.

수업 활용

교과 학교 1-1 24-25쪽

성취기준 [2바01-01] 학교생활 습관과 학습 습관을 형성하여 안전하고 건강하게 생활한다.

사회 정서 역량

영역	자기		관계		공동체	마음건강
핵심역량	자기 인식	자기 관리	관계 인식	관계 관리	공동체 가치의 인식 및 관리	정신건강 인식 및 관리
본 활동	✓				✓	

수업 활동

교사: 얘들아, 여러분은 어떤 음식을 먹기 힘들어요?

학생 1: 저는 김치요. 매워요.

학생 2: 저는 나물이요. 풀냄새가 싫어요.

교사: 여기 여러분이 말한 음식사진이에요. 혹시 김치에 도전하는 방법을 아는 친구 있을까요?

학생: 저요! 저는 물에 한 번 씻어서 먹었어요. 그러니까 좀 먹을 만했어요.

교사: 좋은 방법이에요! 처음부터 많이 먹으려고 하지 말고, 작게 도전하는 것이 중요하겠죠?

학생들: 네!

교사: 지금부터, 내가 먹기 어려운 음식사진을 책상 위에 올려놓고, 그 음식을 어떻게 작게 도전할지 방법을 생각해 보세요.

교사: 다 생각했으면, 짝 친구에게 내 방법을 말해주세요.

학생 1: 저는 한 입만 먹고 바로 밥을 먹으려고 해요.

학생 2: 저는 엄마한테 잘게 잘라 달라고 해서 먹어볼래요.

교사: 아주 잘했어요! 이번엔 상상 속에서 그 음식을 먹는 몸짓도 해볼까요?

교사: 좋아요. 앞으로 급식에서 그 음식을 만나면, 오늘처럼 한 입 도전! 해보는 거예요. 할 수 있겠죠?

학생들: 네! 할 수 있어요!

오! 소! 한!

선생님이
"오른쪽!"
외치면

"오른쪽!"
우리도
따라서 외쳐요

선생님이
"소곤소곤"
속삭이면

"소곤소곤"
우리도
작은 소리로 말해요

선생님이
"한 줄!" 하며
손가락을 번쩍 들면

"한 줄!"
우리도
똑같이 손가락을 올려요

이건 우리 반의
멋진 약속

오소리?
아니,
오! 소! 한!

동시 해설

「오! 소! 한!」은 아이들이 선생님의 구호와 동작을 따라 하며 교실 속 약속을 몸으로 익혀가는 모습을 그린 동시입니다. '오른쪽!', '소곤소곤!', '한 줄!'과 같은 말은 단순한 지시가 아닌 함께 움직이는 놀이의 리듬으로 표현되며, 교실이라는 공간 속에서 함께하는 즐거움을 만들어 냅니다.

특히 마지막 연 '오소리? / 아니, / 오! 소! 한!'에서는 말장난처럼 들리는 표현을 통해 약속을 기억하는 방법을 유쾌하게 풀어내며 집단 속 규칙을 억지로 외우기보다 즐겁게 받아들이는 태도를 보여줍니다.

수업 시간에는 '오! 소! 한!'의 의미를 함께 알아보며 교실 약속을 몸으로 익히는 활동으로 확장해볼 수 있습니다. 예를 들어, 교사가 "오른쪽!" 하면 아이들이 함께 "오른쪽!"이라고 말하고 오른쪽을 향해 고개를 돌리거나, "소곤소곤!" 하면 조용히 속삭이며 말해 보는 활동을 해보는 것입니다. 이처럼 동시를 통해 교실 문화를 만들어 가는 경험은 아이들에게 약속을 '지키는 것'이 아니라 '함께 만드는 것'임을 느끼게 해줍니다.

수업 활용

교과 학교 1-1 24-25쪽

성취기준 [2바01-01] 학교생활 습관과 학습 습관을 형성하여 안전하고 건강하게 생활한다.

사회 정서 역량

영역	자기		관계		공동체	마음건강
핵심역량	자기 인식	자기 관리	관계 인식	관계 관리	공동체 가치의 인식 및 관리	정신건강 인식 및 관리
본 활동	✓				✓	

수업 활동

교사: 얘들아, 이 시에서 '오! 소! 한!'은 어떤 뜻인 것 같아요?

학생: '오른쪽!', '소곤소곤!', '한 줄!'이요!

교사: 맞아요! '오! 소! 한!'은 우리 반의 약속 암호예요! 선생님이 "오른쪽!" 하면?

학생들: 오른쪽!

교사: "소곤소곤" 하면?

학생들: 소곤소곤!

교사: "한 줄!" 하고 손가락을 들면?

학생들: "한 줄!" (손가락을 들며)

교사: 참 잘했어요. 앞으로 규칙을 잘 지켜봅시다.

오! 소! 한!을 실천하는 학생들

내 자리

내 신발 넣는 자리
내 자리

내 물건 넣는 자리
내 자리

내 우산 꽂는 자리
내 자리

내가 없을 때도
나를 기다려 주는 곳
소중한 내 자리

동시 해설

「내 자리」는 아이가 학교생활 속에서 자신만의 자리를 인식하며 느끼는 소중함과 안정감을 담은 동시입니다. 신발장, 사물함, 우산꽂이처럼 일상 속 작고 구체적인 공간들을 통해 '여기는 나를 위한 공간'이라는 인식을 자연스럽게 만들어 줍니다.

특히 마지막 연 '내가 없을 때도 / 나를 기다려 주는 곳'은 자리는 단순한 물리적 공간을 넘어, 나를 반겨주는 존재이자 쉼터가 될 수 있다는 심리적 안정과 소속감을 부드럽게 전합니다.

수업 시간에는 시 속의 '자리'를 실제 교실 속 나의 자리와 연결하여 감정이입을 해보는 활동을 할 수 있습니다. 예를 들어, 교사가 '얘들아, 시의 내용처럼 우리를 위해 있어 주는 친구들이 있어요. 누구일까요?'라고 물으면 아이들은 '사물함이요!', '신발장이요!', '책상이요!'라고 대답할 수 있습니다. 아이들은 자신의 자리에 다가가 작게 속삭이고 돌아와서, 각자 어떤 이야기를 속삭였는지 친구들 앞에서 발표합니다.

이런 활동은 아이들이 공간에 감정을 담아보고, 자리를 소중하게 여기는 마음을 기를 수 있게 해줍니다.

수업 활용

교과 학교 1-1 28-29쪽

성취기준 [2바01-01] 학교생활 습관과 학습 습관을 형성하여 안전하고 건강하게 생활한다.

사회 정서 역량

영역	자기		관계		공동체	마음건강
핵심역량	자기 인식	자기 관리	관계 인식	관계 관리	공동체 가치의 인식 및 관리	정신건강 인식 및 관리
본 활동	✓				✓	

수업 활동

교사: 얘들아, 시의 내용처럼 우리를 위해 있어 주는 친구들이 있어요. 누구일까요?

학생 1: 사물함이요!

학생 2: 신발장이요!

학생 3: 책상이요!

교사: 맞아요. 사물함, 신발장, 책상은 여러분이 학교에 없을 때도 조용히 여러분을 기다리고 있어요. 오늘은 자리에 가서 살짝 인사해 볼까요? 가서 이렇게 말해 주세요. "잘 부탁해, 오늘도 나랑 함께 지내줘서 고마워."

학생들: 네.

교사: 이제 우리 자리를 찾아가서 속삭이고 돌아왔지요? 어떤 이야기를 속삭였는지 발표해 볼까요?

학생 1: 저는 사물함에게 "오늘도 내 물건 잘 지켜줘서 고마워."라고 말했어요.

학생 2: 저는 신발장에게 "오늘 하루도 잘 부탁해. 나 늦게 올 수도 있어."라고 말했어요.

학생 3: 저는 책상에게 "오늘 수업 시간에 나랑 함께 열심히 해줘."라고 말했어요.

교사: 그래요. 우리 자리를 소중하게 여기고, 고마운 마음을 자주 표현해 봅시다. 우리 마음도, 자리도 더 따뜻해질 거예요.

학생들의 신발장과 사물함

책가방

새로 산 책가방이
화났어

내가
물건들을
마구
넣었거든

내일은 학교 안 간대

미안,
겨우 사과하고
가방 문을 열었지

우르르
쏟아지는 물건들

어휴,
화 낼만 했네

동시 해설

「책가방」은 아이가 새로 산 가방을 마치 감정을 가진 존재처럼 바라보며, 무심코 물건을 마구 넣은 행동을 돌아보는 과정을 담은 동시입니다.

마지막 구절인 '어휴, / 화 낼만 했네'라는 표현은 아이가 가방의 마음을 이해하고 받아들이는 공감과 책임감의 시작을 보여주는 인상적인 장면입니다. 이 동시는 어린이들이 자신이 사용하는 물건에 감사하고 돌보는 마음을 자연스럽게 기를 수 있도록 돕습니다.

수업에서는 책가방 사진을 보며 정돈된 가방과 어지러운 가방을 비교하거나, '내 가방의 마음은 지금 어떨까?'라는 질문을 통해 아이들의 자기 성찰과 감정이입 활동으로 확장할 수 있습니다.

수업 활용

교과 | 학교 1-1 30-31쪽

성취기준 | [2바01-01] 학교생활 습관과 학습 습관을 형성하여 안전하고 건강하게 생활한다.

사회 정서 역량

영역	자기		관계		공동체	마음건강
핵심역량	자기 인식	자기 관리	관계 인식	관계 관리	공동체 가치의 인식 및 관리	정신건강 인식 및 관리
본 활동	✓				✓	

수업 활동

교사: 얘들아, 이 시에 나오는 책가방은 어떤 모습일까요?

(사진 자료)

① 정리가 잘 된 책가방

② 정리되지 않은 책가방

학생: ②번입니다.

교사: ②번 책가방은 어떤 모습인가요?

학생: 물건들이 정리되지 않는 책가방입니다.

교사: 만약, 여러분이 ②번 책가방이라면 어떤 기분일까요?

학생 1: 스트레스 받았을 것 같아요!

학생 2: 화가 났을 것 같아요!

교사: 그럼 우리 ②번 책가방의 마음을 생각하며 표정을 지어볼까요? 하나, 둘, 셋!

학생들: (표정 짓기)

교사: 학생 1은 앞으로 나와주세요. 친구들 앞에서 표정을 다시 보여주세요.

학생 1: (표정 짓기)

교사: 학생 1은 왜 그런 표정을 지었나요?

학생 1: 가방이 속상하고 화가 날 것 같아서요.

교사: 정말 책가방의 마음을 잘 표현했네요. 그렇다면 책가방이 웃는 얼굴이 되려면 우리는 어떻게 해야 할까요?

학생: 물건을 잘 정리해요!

교사: 맞아요. 우리 책가방은 매일 아침과 저녁, 우리를 조용히 기다리고 있어요. 앞으로는 "고마워, 그리고 미안했어." 하는 마음으로 정리해 볼까요?

학생들: 네!

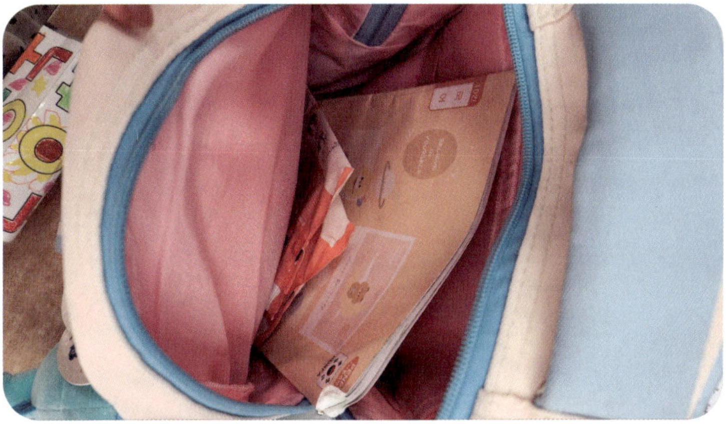

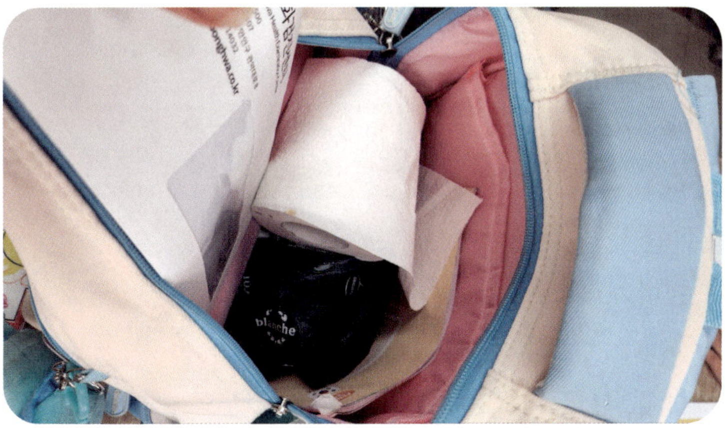

정리가 잘 된 책가방과 정리되지 않은 책가방

선을 그어요

쭉쭉
선을 그어요

선생님 선은
반듯반듯

내 선은
삐뚤빼뚤

에잇,
화나서
찍! 찍!

우와,
번개다!
친구들이 깔깔깔!

아하!
손에 힘주면
쭉쭉 잘 그어지네

동시 해설

「선을 그어요」는 연필로 선을 긋는 단순한 활동 속에서 아이가 겪는 감정의 변화와 성장을 담은 동시입니다.

'우와, / 번개다! / 친구들이 깔깔깔!'이라는 구절은 실수를 받아들이는 긍정적인 태도와 유쾌한 해석이 돋보이는 대목으로, 실수 속에서도 웃음과 창의가 자랄 수 있다는 메시지를 전해줍니다.

이 동시는 아이들에게 실수해도 괜찮고, 연습을 통해 나아질 수 있으며, 감정은 창의적으로 표현될 수 있다는 점을 자연스럽게 알려줍니다.

수업에서는 감정을 선으로 표현하는 활동과 연결해 볼 수 있습니다. 아이들이 자신의 감정을 솔직하게 선택하고, 그것을 선 하나로 자유롭게 표현해 보는 활동으로 발전시킬 수 있습니다.

수업 활용

교과 학교 1-1 32-33쪽

성취기준 [2즐01-01] 즐겁게 놀이하며, 건강하고 안전하게 생활한다.

사회 정서 역량

영역	자기		관계		공동체	마음건강
핵심역량	자기 인식	자기 관리	관계 인식	관계 관리	공동체 가치의 인식 및 관리	정신건강 인식 및 관리
본 활동	✓					✓

수업 활동

교사: 얘들아, 이 시의 주인공은 처음에 선을 어떻게 그었나요?

학생: 삐뚤빼뚤하게 그었어요.

교사: 그래서 어떤 감정이 들었을까요?

학생: 화가 났어요.

교사: 화가 났을 때 어떤 행동을 했나요?

학생: 종이에 찍찍 그었어요.

교사: 그런데 그게 어떻게 보였지요?

학생: 번개처럼 보여서 친구들이 웃었어요.

교사: 맞아요. 화가 나는 순간에도 새로운 생각을 하면 좋은 일이 생길 수도 있네요. 오늘은 우리도 선을 그어볼 거예요. 일단 감정 무드미터에서 나의 감정을 하나 골라볼 거예요. 지금 내 감정과 가장 가까운 것을 골라주세요.

학생 1: 저는 '신나다'를 골랐어요.

학생 2: 저는 '짜증나다'를 골랐어요.

학생 3: 저는 '편안하다'를 골랐어요.

교사: 좋습니다. 이제 그 감정을 선으로 표현해 볼 거예요 오직 '선'으로만 감정을 나타내는 거예요. 예를 들어, 신날 때는 선이 어떻게 생겼을까요?

학생: 펄쩍펄쩍 튀는 모양이요!

교사: 맞아요! 혹은 물결처럼 흔들릴 수도 있어요. 그럼, 짜증날 땐?

학생: 선이 막 엉킨 모양이요!

교사: 그렇죠. 그 감정이 손끝을 타고 나가도록 선으로 표현해 보세요.

학생들: 네!

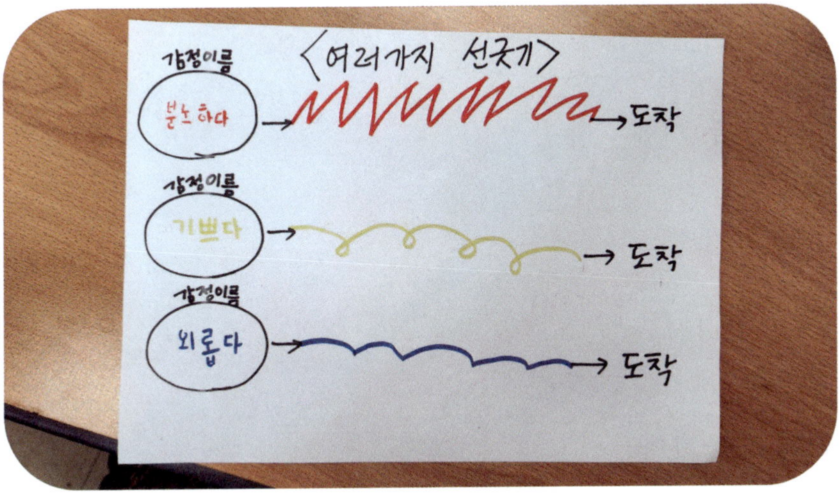

감정선을 그은 결과물

숨은 그림 찾기

동그라미 하나에
팔딱
개구리 그리고

동그라미 두 개엔
팔랑팔랑
잠자리 그려

긴 네모 하나는
삐뽀삐뽀
구급차가 좋겠어

뾰족한 세모 속에는
무엇이 숨어 있을까?

동시 해설

「숨은 그림 찾기」는 도형이라는 단순한 형태를 바탕으로, 아이가 상상 속에서 새로운 생명과 사물을 창조해 나가는 과정을 담은 동시입니다.

'뾰족한 세모 속에는 / 무엇이 숨어 있을까?'라는 마지막 구절은 명확한 답을 주지 않고 아이의 마음속으로 질문을 던지며, 생각의 문을 열어주는 인상적인 마무리입니다.

이 동시는 도형이 단순한 수학적 개념을 넘어 창의적 표현의 도구가 될 수 있다는 점을 자연스럽게 알려줍니다. 동시는 언어, 미술, 음악 활동으로 확장될 수 있으며 표현력과 자존감을 기르고 예술 감각을 키우는 기회를 제공합니다.

수업에서는 도형을 악기, 그림, 몸짓 등 다양한 방식으로 표현해 보는 활동을 통해 아이들의 상상력과 표현력을 동시에 이끌어 낼 수 있습니다.

수업 활용

교과 학교 1-1 34-35쪽

성취기준 [2즐01-01] 즐겁게 놀이하며, 건강하고 안전하게 생활한다.

사회 정서 역량

영역	자기		관계		공동체	마음건강
핵심역량	자기 인식	자기 관리	관계 인식	관계 관리	공동체 가치의 인식 및 관리	정신건강 인식 및 관리
본 활동	✓				✓	

수업 활동

교사: 얘들아, 오늘은 리듬악기를 연주해 보겠습니다. 먼저 동그란 탬버린을 꺼내볼까요? 동시에서 동그라미 속에 어떤 것이 숨어 있었지요?

학생: 잠자리요!

교사: 맞아요. 그럼 탬버린으로 팔랑팔랑 날아다니는 잠자리를 어떻게 표현할 수 있을지 생각하며 연주해 봅시다. 학생1이 연주해 볼까요?

학생 1: 네. (탬버린 연주)

교사: 학생 1의 연주에서 잠자리가 느껴졌나요?

학생: 네! 날개가 파르르 떨리는 것 같았어요!

교사: 정말 잘했어요. 이번에는 뾰족한 세모 모양의 트라이앵글을 꺼내봅시다. 세모 속에는 어떤 것이 숨어 있을까요?

학생 1: 산이요.

학생 2: 수박이요.

교사: 네, 상상하기 나름이에요. 선생님이 나누어 준 종이 위에 트라이앵글을 올려놓고, 색연필로 그 테두리를 따라 그려볼까요?

학생: 네.

교사: 이제 그 세모 안에 여러분이 생각하는 '숨은 그림'을 상상해서 그려보세요. 학생 2는 어떤 그림을 그렸나요?

학생 2: 저는 수박을 그렸어요.

교사: 와, 잘 그렸네요! 다 그린 친구는 트라이앵글을 가지고, 그 그림에 어울리는 연주를 해보세요.

학생: (연주 준비)

교사: 자, 학생 2가 친구들 앞에서 자신의 그림을 소개하고, 트라이앵글로 표현한 연주도 들려주세요.

학생 2: 저는 세모 안에 수박을 그렸어요. 수박의 아삭아삭한 느낌을 트라이앵글로 연주해 보겠습니다. (연주)

교사: 와, 수박의 아삭함이 느껴졌어요! 참 잘했습니다.

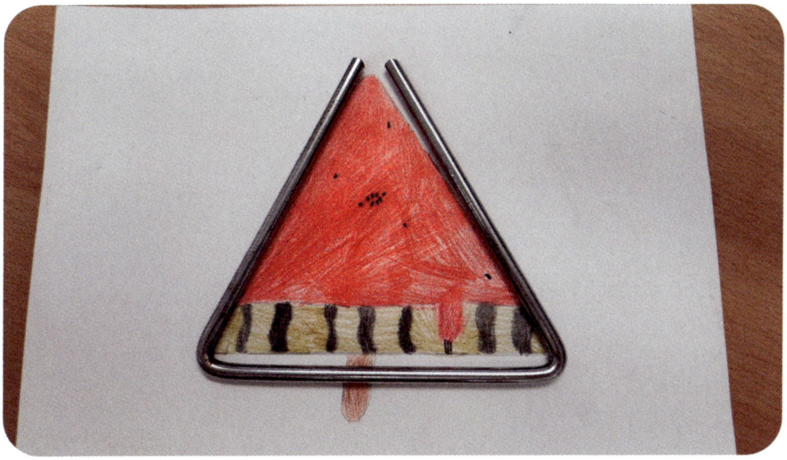

트라이앵글의 테두리 선을 본뜬 후 그린 그림

내 머리 살려

도화지 위에
내 얼굴을
크게 그려요

지그재그
머리를 그리고
선을 따라
가위로 오려요

나풀나풀
오려진 머리가 춤춰요

흔들흔들
얼굴도 따라 흔들려요

가위야,
서두르지 마

천천히,
조심조심

동시 해설

「내 머리 살려」는 도화지 위에 자신의 얼굴을 그리고, 머리카락을 가위로 자르는 활동을 생생하게 그려낸 동시입니다. '지그재그', '나풀나풀', '흔들흔들'과 같은 소리와 움직임을 담은 말들은 아이의 손끝에서 펼쳐지는 창작 활동의 생동감을 감각적으로 전달해 줍니다. '가위야, / 서두르지마, // 천천히 / 조심조심'이라는 마지막 구절은 활동의 재미 속에서도 주의와 안전이 필요함을 따뜻하게 일러주는 인상적인 장면입니다.

이 동시는 아이들에게 자신을 표현하는 즐거움과, 도구를 다루는 신중한 태도를 함께 알려줍니다. 수업에서는 각자의 가위에 이름을 지어주고, 그 이름에 담긴 의미를 나누는 활동을 통해 도구 사용에 대한 책임감과 자기 조절력을 기를 수 있습니다.

수업 활용

교과 학교 1-1 38-39쪽

성취기준 [2즐01-01] 즐겁게 놀이하며, 건강하고 안전하게 생활한다.

사회 정서 역량

영역	자기		관계		공동체	마음건강
핵심역량	자기 인식	자기 관리	관계 인식	관계 관리	공동체 가치의 인식 및 관리	정신건강 인식 및 관리
본 활동	✓				✓	

수업 활동

교사: 얘들아, 오늘은 가위를 사용할 거예요. 가위를 사용해 본 경험이 있나요?

학생 1: 저는 집에서 안전 가위를 사용해 본 적 있어요.

학생 2: 친구가 가위를 떨어뜨려서 깜짝 놀랐어요. 다칠 뻔했어요.

교사: 그렇군요. 가위는 우리가 다양한 활동을 할 때 꼭 필요하지만, 조심하지 않으면 위험할 수 있어요. 가위를 안전하게 사용하려면 어떻게 해야 할까요?

학생 1: 가위는 천천히 사용해야 해요.

학생 2: 사용하지 않을 땐 꼭 덮개를 씌우거나 집어넣어야 해요.

교사: 잘 알고 있네요. 이제 각자의 가위를 꺼내볼까요? 이번에는 여러분의 가위에 이름을 지어볼 거예요. 그리고 그 이름을 왜 지었는지도 함께 이야기해 봅시다.

학생 1: 저는 가위 이름을 '안전이'라고 지었어요. 가위를 쓸 때마다 조심하자는 마음을 담았어요.

학생 2: 제 가위 이름은 '조심이'예요. 항상 조심조심 사용하라는 뜻이에요.

교사: 좋은 이름들이네요. 선생님이 준비한 가위 도안에 이름을 적고, 여러분만의 캐릭터로 꾸며봅시다.

학생들: (가위 도안을 꾸미고 이름을 적는다)

교사: 다 꾸민 친구들은 가위를 바라보며 이렇게 말해봅시다. "가위를 안전하게 사용하겠습니다!"

학생들: 가위를 안전하게 사용하겠습니다!

자신감 자세

선생님께서
허리를 펴라고 하셨어

쉬운 것 같은데
어려워

어떻게 해야 하지?
얼마나 펴야 하지?
이게 맞을까?

머릿속엔
물음표 가득

선생님 따라
움직이다 보니
갑자기
느낌표 반짝!

허리를 쭉 펴니,
어깨도 쫙 펴져
기분도 활짝!

오늘부터
나는
자신감 자세!

동시 해설

「자신감 자세」는 단순한 '허리 펴기'라는 몸의 움직임을 통해 아이의 마음속 변화와 성장을 섬세하게 담아낸 동시입니다.

처음에는 '어떻게 해야 하지?', '이게 맞을까?' 하는 불안과 의문으로 시작되지만, 선생님의 동작을 따라 하며 스스로 '느낌표 반짝!' 깨닫는 과정이 따뜻하게 펼쳐집니다. 특히 '허리를 쭉 펴니, / 어깨도 쫙 펴져 / 기분도 활짝!'이라는 구절은 자세와 감정이 연결되어 있다는 점을 아이의 언어로 명쾌하게 보여주는 인상적인 장면입니다.

이 동시는 아이들에게 몸과 마음의 연결을 자연스럽게 인식시키며, 올바른 자세, 자신감, 표현력을 함께 기를 수 있도록 도와줍니다. 자세 하나로도 기분이 바뀔 수 있다는 점은 자기 조절과 긍정적 자아 인식에 좋은 출발점이 됩니다.

수업에서는 아이들과 함께 '자신감 자세'를 따라 하며 몸의 느낌을 나누고, 언제 이 자세를 활용하면 좋을지 토의하는 활동으로 확장할 수 있습니다.

수업 활용

교과 학교 1-1 40-41쪽

성취기준 [2즐01-01] 즐겁게 놀이하며, 건강하고 안전하게 생활한다.

사회 정서 역량

영역	자기		관계		공동체	마음건강
핵심역량	자기 인식	자기 관리	관계 인식	관계 관리	공동체 가치의 인식 및 관리	정신건강 인식 및 관리
본 활동	✓				✓	

수업 활동

교사: 얘들아, 허리를 펴는 것이 왜 중요한 걸까요?

학생 1: 자신감이 생기니까요.

학생 2: 자세가 좋아야 집중이 잘 돼요.

교사: 맞아요. 허리를 펴고 어깨를 펴면 어떤 기분이 드나요?

학생 1: 기분이 좋아요.

학생 2: 힘이 나는 것 같아요.

교사: 시 속 주인공도 처음에는 '어떻게 해야 하지?' 하고 고민했지만, 선생님을 따라 하며 '느낌표 반짝!' 하고 자신감을 느꼈죠. 우리도 한번 해볼까요? (교사, 허리를 펴고 어깨를 펴는 시범 자세)

교사: 자, 여러분도 똑같이 따라 해보세요. 허리를 쑥 펴고, 어깨는 쫙!

학생: (자세를 바로 잡는다)

교사: 이번에는 거울을 보면서 '자신감 자세'를 해보세요. 어떤 느낌이 드나요?

학생 1: 멋져 보여요.

학생 2: 당당해 보여요.

교사: 우리가 이 자세를 언제 사용하면 좋을까요?

학생 1: 발표할 때요.

학생 2: 기죽었을 때요.

학생 3: 사진 찍을 때요!

교사: 아주 좋아요. 오늘부터 우리는 이 자세를 '자신감 자세'라고 부르기로 해요. 우리 반의 힘찬 시작을 응원합니다!

들켰다

모두 조용히
목소리 0단계

짝꿍만 들리게
목소리 1단계

모둠 친구들끼리
목소리 2단계

반 전체가 들리게
목소리 3단계

그런데 제일 어려운 건
바로 목소리 1단계!

짝꿍한테
비밀 말했는데
어느새 친구들 귀까지 쏙!

앗,
오늘도 들켰다!

동시 해설

「들켰다」는 교실에서 사용하는 다양한 목소리 크기를 익살스럽게 표현한 동시입니다.

'목소리 0단계'부터 '목소리 3단계'까지의 상황을 나열하며, 아이들이 쉽게 공감할 수 있는 교실 규칙을 재미있고 리듬감 있게 알려줍니다. 특히 '그런데 제일 어려운 건 / 바로 목소리 1단계!'라는 구절은 조용히 말하려다 들켜버린 아이의 귀여운 실수를 유쾌하게 담아낸 인상적인 장면입니다.

이 동시는 아이들에게 상황에 맞는 말하기 방법과 목소리 크기의 중요성을 자연스럽게 익히도록 도와줍니다. 또한 실수조차 해학적으로 바라보는 여유를 배우며 의사소통 능력과 또래 관계의 이해도 함께 키울 수 있습니다.

수업에서는 목소리 단계별 상황을 말하고 맞추는 게임을 통해 놀이와 규칙 학습을 동시에 진행할 수 있습니다. 국어 시간, 생활 습관 교육, 학급 문화 형성 활동과도 잘 연결됩니다.

수업 활용

교과 학교 1-1 42-43쪽

성취기준 [2바01-01] 학교생활 습관과 학습 습관을 형성하여 안전하고 건강하게 생활한다.

사회 정서 역량

영역	자기		관계		공동체	마음건강
핵심역량	자기 인식	자기 관리	관계 인식	관계 관리	공동체 가치의 인식 및 관리	정신건강 인식 및 관리
본 활동	✓				✓	

수업 활동

교사: 얘들아, 이 시에서 친구는 몇 단계의 목소리를 사용하려고 했나요?

학생 1: 1단계요.

학생 2: 짝꿍에게만 들리게 하려고 했어요.

교사: 그런데 어떻게 되었죠?

학생 1: 친구들 귀까지 다 들렸어요.

학생 2: 그래서 비밀이 들켰어요.

교사: 맞아요. 우리도 종종 조용히 말하려다 들킬 때가 있죠?

학생: 네.

교사: 목소리 단계에는 어떤 것들이 있었나요?

학생 1: 0단계는 아주 조용한 거요.

학생 2: 1단계는 짝꿍한테만 말하는 목소리예요.

학생 3: 2단계는 모둠 친구들이 다 들리게 말하는 거예요.

학생 4: 3단계는 반 전체가 들을 수 있는 목소리예요.

교사: 우리 교실에서 목소리 단계를 잘 사용하는 게 왜 중요할까요?

학생 1: 시끄러우면 수업에 방해되니까요.

학생 2: 서로의 말을 더 잘 들을 수 있어요.

교사: 지금부터 목소리 단계별로 말하는 연습을 해볼 거예요. 선생님이 문장을 하나 말하면, 몇 단계 목소리인지 맞추는 게임이에요.

교사: (속삭이며) "오늘 급식 맛있겠다."

학생: 1단계!

교사: (조용히 입 모양만 보여주기)

학생: 0단계!

교사: (자연스럽게 또박또박) "우리 조 발표 준비하자!"

학생: 2단계!

교사: (크게 말하며) "좋은 아침입니다!"

학생: 3단계!

교사: 모두 잘 맞혔습니다. 앞으로 목소리 단계 규칙을 잘 지켜봅시다.

1학년 모여라! 동시 놀이터

2장

사람들

인사

인사는 달콤해
나누면
웃음꽃이 활짝 피어나

인사는 따뜻해
나누면
고개를 살랑살랑 끄덕여

인사는 신기해
나누면
내일
또 만나고 싶어져

동시 해설

「인사」는 일상 속에서 나누는 인사의 힘과 따뜻함을 감각적으로 표현한 동시입니다. '인사는 달콤해', '인사는 따뜻해', '인사는 신기해'처럼 감정이 담긴 형용사로 시작되는 반복 구조는, 인사가 단순한 예절이 아니라 마음을 연결하고 관계를 이어주는 따뜻한 행동임을 자연스럽게 알려줍니다.

특히 '내일 / 또 만나고 싶어져'라는 마지막 구절은 인사를 통해 다시 보고 싶은 마음과 관계의 지속성이 생긴다는 점을 부드럽고 감성적으로 전합니다.

수업에서는 익숙한 동요 '무엇이 똑같을까'의 멜로디에 「인사」 동시의 표현을 바탕으로 새로운 가사를 만들어 보고, 가장 마음에 드는 가사를 투표로 선정해 함께 불러보는 활동으로 확장할 수 있습니다.

아이들이 스스로 인사에 담긴 감정을 노랫말로 표현하고, 친구들과 함께 노래를 부르는 과정은 인사의 의미를 몸과 마음으로 체득하고 자연스럽게 실천으로 이어지는 경험이 됩니다.

수업 활용

교과 사람들 1-1 8-19쪽

성취기준 [2바01-03] 가족이나 주변 사람을 배려하며 관계를 맺는다.

사회 정서 역량

영역	자기		관계		공동체	마음건강
핵심역량	자기 인식	자기 관리	관계 인식	관계 관리	공동체 가치의 인식 및 관리	정신건강 인식 및 관리
본 활동			✓		✓	

수업 활동

교사: 얘들아, 오늘은 동요를 들어볼 거예요. 제목은 '무엇이 똑같을까'예요.

학생: (집중해서 듣기)

교사: 잘 들었죠? 자, 이제 우리 함께 '인사'라는 동시를 생각하면서, 방금 들은 동요 멜로디에 맞게 가사를 바꾸어 볼 거예요. 선생님이 먼저 예를 들어 볼게요.

> **(가사 변경 예시)**
> 인사를 인사를 나누어요.
> 웃음꽃 자꾸만 피어나요.

교사: 이런 식으로 인사에 대한 느낌을 담아서, 새로운 노랫말을 만들어볼 수 있어요. 누가 먼저 해볼까요?

학생 1: 인사는 인사는 따뜻해요. 살랑살랑 고개를 끄덕여요.

학생 2: 인사는 인사는 신기해요. 나누면 또다시 보고 싶죠.

교사: 정말 잘했어요! 동시 속 표현을 그대로 살려서 멋진 가사를 만들었네요. 투표를 통해서 우리 반 노래를 정해봅시다.

학생: 네.

MEMO

초록빛 아침

학교 정문
횡단보도에는
녹색 어머니

학교 후문
횡단보도에는
녹색 아버지

우리를 위해
안전을 살피는
어른들을 만나면

나는
초록빛 미소로
인사해요

동시 해설

「초록빛 아침」은 아침마다 아이들의 등굣길을 지켜주는 어른들에 대한 감사와 존중의 마음을 담은 동시입니다. 정문 앞의 '녹색 어머니', 후문 앞의 '녹색 아버지'는 단순한 교통 지킴이를 넘어, 아이들의 하루를 안전하게 열어주는 든든한 존재로 그려집니다.

특히 '나는 / 초록빛 미소로 / 인사해요'라는 마지막 구절은, 어른들의 노고에 응답하는 아이의 따뜻한 태도를 감성적으로 전하며, 작은 인사 한마디가 서로의 하루를 밝혀줄 수 있음을 알려줍니다.

수업에서는 아이들과 함께 학교 앞에서 만나는 분들께 드릴 수 있는 감사 인사말을 직접 만들어 보는 활동을 통해, 상황에 맞는 말하기를 연습할 수 있습니다. "바쁘신데 우리를 도와주셔서 감사합니다.", "우리의 안전을 지켜주셔서 감사합니다."와 같은 인사말을 생각해 보고, 다음 날 실제로 어른들께 직접 인사를 전해 보는 실천 활동으로 이어지면 인사의 의미가 더욱 깊이 자리 잡게 됩니다.

수업 활용

교과 사람들 1-1 20-21쪽

성취기준 [2슬01-03] 가족이나 주변 사람에게 관심을 갖고 함께 살아가는 모습을 탐구한다.

사회 정서 역량

영역	자기		관계		공동체	마음건강
핵심역량	자기 인식	자기 관리	관계 인식	관계 관리	공동체 가치의 인식 및 관리	정신건강 인식 및 관리
본 활동				✓	✓	

수업 활동

교사: 얘들아, 우리를 위해서 애써주시는 분들을 만났을 때, 어떤 인사를 나누면 좋을까요?

학생 1: 감사합니다.

학생 2: 고맙습니다.

교사: 아주 좋아요. 그런데 조금 더 구체적으로 말해볼 수 있을까요?

학생 1: 바쁘신데 우리를 도와주셔서 감사합니다.

학생 2: 우리의 안전을 지켜주셔서 감사합니다.

교사: 정말 따뜻한 말이네요. 여러분의 인사 덕분에 봉사하시는 분들의 마음도 분명히 따뜻해질 거예요. 내일은 학교에서 봉사하시는 분들께 우리가 직접 감사 인사를 드려보도록 해요.

학생: 네.

MEMO

한께 놀자

친구가 준 편지에
삐뚤빼뚤한
글씨가 가득해

“우리 한께 놀자!”

모양도 이상하고
맞춤법도 틀렸지만

나는 다 알아듣지

그래,
우리 함께 놀자!

동시 해설

「한깨 놀자」는 친구가 건넨 짧은 편지에 담긴 우정과 따뜻한 마음을 느끼는 순간을 담은 동시입니다. 편지 속 '한깨'는 '함께'의 잘못된 표현이지만, 그 서툰 글씨와 틀린 맞춤법 속에는 친구의 순수하고 진심 어린 마음이 고스란히 담겨 있습니다.

특히 마지막 구절 '그래, / 우리 함께 놀자!'는 친구의 표현을 있는 그대로 따뜻하게 받아들이는 아이의 응답이자, 포용과 공감의 태도를 자연스럽게 전하는 인상적인 장면입니다.

수업에서는 아이들과 함께 '한깨 놀자'라고 쓴 친구의 마음을 상상해 보고, 그 말을 들었을 때 느낀 감정을 감정 무드미터로 골라보거나 표정으로 표현해 볼 수 있습니다. 또한 부드러운 말을 사용하는 친구를 찾아 칭찬하고, 그 친구의 말하기 비결을 나누는 활동을 통해 다름을 인정하고 따뜻한 소통을 실천하는 교실 문화로 확장할 수 있습니다.

수업 활용

교과 사람들 1-1 22-23쪽

성취기준 [2슬01-03] 가족이나 주변 사람에게 관심을 갖고 함께 살아가는 모습을 탐구한다.

사회 정서 역량

영역	자기		관계		공동체	마음건강
핵심역량	자기 인식	자기 관리	관계 인식	관계 관리	공동체 가치의 인식 및 관리	정신건강 인식 및 관리
본 활동				✓	✓	

수업 활동

교사: 얘들아, 친구가 함께 놀자고 할 때 여러분은 어떤 기분이 드나요? 감정 무드미터에서 골라봅시다.

학생 1: 저는 '들뜨다'요.

학생 2: 저는 '신나다'요.

교사: '한깨 놀자'라고 편지를 쓴 친구에게 뭐라고 하면 좋을까요?

학생: '함께 놀자는 뜻 맞지?'라고 부드럽게 물어봅니다.

교사: 부드러운 말을 들었을 때 느낀 감정을 무드미터에서 선택하고 그 표정을 그려봅시다.

교사: 이번에는 우리 반에서 가장 부드럽게 말하는 학생을 뽑아봅시다.

학생: 저는 ○○○을 추천합니다. 왜냐하면 ○○○은 화가 나도 부드럽게 말하기 때문입니다.

(투표하기)

교사: ○○○ 학생은 부드럽게 말하는 비결이 있나요?

학생: 친구가 그렇게 말하는 이유가 있다고 생각하면 됩니다.

교사: 아, 역시! 친구 입장에서 생각하는군요! 우리도 ○○○ 학생처럼 생각하고 부

드럽게 말해보도록 해요.

학생: 네.

부드러운 말을 들었을 때 감정 그리고 교실에 전시하기

내 고민

"고민 있어?"
"없어."

"고민 있지?"
"없다니까."

친구 얼굴엔
고민이 있는데,
말을 안 해줘

언젠가는
말해 주겠지

이게 내 고민이다

동시 해설

「내 고민」은 친구의 마음을 살피는 한 아이의 조심스럽고도 섬세한 시선을 담은 동시입니다. 겉으로는 아무 일도 없는 듯하지만, 친구의 표정과 말투 속에 숨어 있는 고민을 알아차린 화자의 감정이 자연스럽게 드러납니다.

특히 마지막 구절 '이게 내 고민이다'는 친구의 속마음을 알지 못해 생기는 답답함과 기다림조차 자신의 고민이 되는 마음의 깊이를 보여주며, 진정한 우정이란 조언보다 기다림일 수 있고, 말하지 않아도 함께 걱정해 주는 태도라는 메시지를 잔잔하게 전합니다.

수업에서는 '고민 인터뷰' 놀이를 통해 서로의 이야기를 듣고 공감하는 연습을 해볼 수 있습니다. 이때 중요한 규칙은 조언보다 '그랬구나', '그렇구나'라는 공감의 표현으로 친구의 마음을 먼저 받아주는 것입니다. 이 활동을 통해 아이들은 상대의 언어 속 감정을 읽고, 말보다 들어주는 태도가 얼마나 따뜻한 배려인지 자연스럽게 체험하게 됩니다.

수업 활용

교과 사람들 1-1 24-25쪽

성취기준 [2슬01-03] 가족이나 주변 사람에게 관심을 갖고 함께 살아가는 모습을 탐구한다.

사회 정서 역량

영역	자기		관계		공동체	마음건강
핵심역량	자기 인식	자기 관리	관계 인식	관계 관리	공동체 가치의 인식 및 관리	정신건강 인식 및 관리
본 활동				✓	✓	

수업 활동

교사: 오늘은 고민 인터뷰 놀이를 해보겠습니다. 먼저 눈을 감고, 요즘 내가 가지고 있는 고민을 생각해 봅시다. 힘들었던 일이나 속상했던 일을 떠올려도 됩니다. 친구에게 말할 수 있는 정도의 가벼운 고민이면 좋아요.

학생들: 네.

교사: 이제 짝과 함께 고민 인터뷰 놀이를 시작해 봅시다. 중요한 약속이 있어요. 친구의 고민을 들을 때는 해결하려고 하지 않습니다. "아! 그랬구나!" 또는 "아! 그렇구나!"라고만 말해주세요. 조언해 주고 싶다면, "내가 조언해 줘도 될까?"라고 물어보고, 친구가 좋다고 하면 그때 말해주는 거예요.

(고민 인터뷰 예시)

학생 1: 나는 자꾸 동생이 내 물건을 허락 없이 써서 속상해.

학생 2: 아, 그랬구나.

학생 1: 그래서 말은 못 하고 혼자 속으로 화났었어.

학생 2: 아, 그렇구나. 내가 조언해 줘도 될까?

학생 1: 응, 좋아.

학생 2: 그럴 땐 너의 동생이랑 규칙을 정해보는 건 어때?

학생 1: 좋은 생각이야! 고마워.

교사: 고민 인터뷰를 해보고 난 뒤, 어떤 느낌이나 생각이 들었나요?

학생 1: 저는 친구가 고민을 말해줘서 고마웠어요. 저도 비슷한 일이 있었거든요.

학생 2: 저는 엄마한테 자꾸 혼나는 고민을 친구에게 말했는데, 친구가 자기도 자주 혼난다고 말해줘서 마음이 가벼워졌어요.

교사: 아, 친구의 공감 덕분에 마음이 가벼워졌군요. 정말 좋은 경험이었네요.

학생들: 네.

고민 머리띠

삐졌다, 안 삐졌다

삐진 내 친구,
나를 째려본다

사과하고
겨드랑이를
살살 간질여도
계속 째려본다

갑자기
화장실로 달려간다

친구의 등이
살짝 웃고 있다

동시 해설

「삐졌다, 안 삐졌다」는 친구와의 작은 갈등과 그 갈등을 유쾌하게 풀어가는 과정을 따뜻하게 그려낸 동시입니다. 친구가 삐쳐서 째려보고, 사과와 간질임에도 쉽게 풀리지 않는 상황은 아이들의 일상 속에서 익숙하게 벌어지는 장면입니다.

하지만 마지막 구절 '친구의 등이 / 살짝 웃고 있다'는 표현은, 겉으로는 화난 척하지만 속마음은 이미 풀린 친구의 귀여운 감정을 섬세하게 포착해 보여줍니다.

수업에서는 아이들과 함께 '친구의 등이 웃고 있다'는 표현이 의미하는 바를 이야기해 보고, 그다음 상황을 상상하여 역할극으로 표현해 보는 활동으로 확장할 수 있습니다. 서로의 감정을 존중하며 화해하는 다양한 대화를 연습해 보며, 아이들은 갈등을 해결하는 방법이 하나가 아님을 배우고, 타인의 감정을 기다려 주는 배려와 공감의 태도를 기르게 됩니다.

수업 활용

교과 사람들 1-1 26-27쪽

성취기준 [2바01-03] 가족이나 주변 사람을 배려하며 관계를 맺는다.

사회 정서 역량

영역	자기		관계		공동체	마음건강
핵심역량	자기 인식	자기 관리	관계 인식	관계 관리	공동체 가치의 인식 및 관리	정신건강 인식 및 관리
본 활동				✓	✓	

수업 활동

교사: 얘들아, '친구의 등이 웃고 있다'는 표현은 어떤 뜻일까요?

학생: 친구의 화가 풀린 것 같아요.

교사: 누군가의 뒷모습만 봐도 기분이 전해질 때가 있죠. 그렇다면 그다음엔 어떤 일이 펼쳐질까요? 다음 이야기를 상상해서 짝과 함께 역할극을 해봅시다.

학생: (역할극 연습하기)

(역할극 예시)

학생 1: 화장실 잘 다녀왔어?

학생 2: 응.

학생 1: 아까 보니까 화가 좀 풀린 것 같은데? 맞지?

학생 2: 아니.

학생 1: 아, 그래? 시간이 조금 더 필요하구나?

학생 2: 응.

학생 1: 그러면 화도 풀 겸 같이 맛있는 거 먹는 건 어때?

학생 2: 응. 좋아.

교사: 준비한 역할극을 발표해 봅시다.

학생: (역할극 발표하기)

교사: 역할극을 보니까 어떤 친구는 금방 화가 풀리고, 또 어떤 친구는 시간이 좀 더 필요한 것 같아요. 왜 그럴까요?

학생: 사람마다 감정이 다르고, 화가 풀리는 속도도 다르니까요.

교사: 맞아요. 그래서 우리는 친구가 화났을 때 너무 재촉하지 말고, 그 친구의 감정을 존중해 주는 것이 중요해요. 우리 반도 그렇게 하기로 해요.

학생: 네.

모두 다 가까워

내 주변 사람들을
종이컵에 그리고

나랑 얼마나
가까운지
고민해 봤어

어쩌지?
누구 하나
멀리 둘 수가 없어

오늘은
하나도
고르기 어렵다

동시 해설

「모두 다 가까워」는 아이가 주변 사람들과의 관계를 바라보며 느낀 따뜻한 마음을 담은 동시입니다. 화자는 종이컵에 소중한 사람들을 그리며 자신과의 거리를 고민하지만, 결국 누구도 멀리 둘 수 없다고 말합니다. 특히 '오늘은 / 하나도 / 고르기 어렵다'는 마지막 구절은 모든 사람을 사랑하고 존중하는 균형 잡힌 마음을 담은 인상적인 마무리입니다.

수업에서는 '관계 온도계' 활동을 통해 아이들은 친구 다섯 명을 떠올리며 자신이 느끼는 거리감을 숫자로 표현해 보고 그 이유를 말과 글로 나누어 봅니다. 이 과정에서 '온도'는 곧 감정의 거리이며 서로의 차이를 인정하고 이해하려는 태도가 중요하다는 것을 체감할 수 있습니다.

수업 활용

교과 사람들 1-1 28-29쪽

성취기준 [2즐01-03] 가족이나 주변 사람과 소통하며 어울린다.

사회 정서 역량

영역	자기		관계		공동체	마음건강
핵심역량	자기 인식	자기 관리	관계 인식	관계 관리	공동체 가치의 인식 및 관리	정신건강 인식 및 관리
본 활동			✓	✓		

수업 활동

교사: 얘들아, 오늘 우리는 친구 관계의 온도를 재보려고 해요.

학생: 관계의 온도가 뭐예요?

교사: 아주 좋은 질문이에요. 우리 반 친구 다섯 명을 떠올리면서, 나와 얼마나 가깝다고 느끼는지를 숫자로 표현해 보는 거예요. 1부터 10까지 숫자 중에서 하나를 고르면 됩니다. 숫자가 클수록 더 가까운 관계예요. 그리고 왜 그렇게 생각했는지도 학습지에 간단히 써주세요.

학생: (학습지에 관계의 온도 표시하고 이유 쓰기)

교사: 자, 이제 발표해 볼까요? 학생 1이 친구 관계 온도계를 발표해 주세요.

학생 1: 저는 A는 3도, B는 5도, C는 6도, D는 8도, E는 9도로 표시했어요.

교사: E라는 친구는 9도로 무척 높게 표시했네요. 특별한 이유가 있나요?

학생 1: 네, E는 어릴 때부터 저랑 계속 친구였어요. 함께 지낸 시간이 많고, 서로 잘 알아요.

교사: 그렇군요. 그럼 E라는 친구는 학생 1에게 몇 도를 주었을 것 같아요?

학생 1: 저랑 비슷하게 9도를 주었을 것 같아요.

교사: 그럴 수도 있지요. 그런데 꼭 그렇다고 단정할 수는 없어요. 상대방은 다르게

느낄 수도 있어요. 그렇다고 해서 그 친구가 나쁘거나, 우리가 틀렸다는 건 아니에요. 사람마다 느끼는 관계의 거리와 온도는 다를 수 있으니까요.

학생: 네.

교사: 그래서 우리는 관계의 온도가 다르더라도 그 차이를 받아들이고, 더 좋은 관계를 만들어가기 위해 노력해야 해요. 친구와의 온도 차이를 알아차리고, 그것을 좁히려는 태도가 더 중요하답니다.

학생: 네.

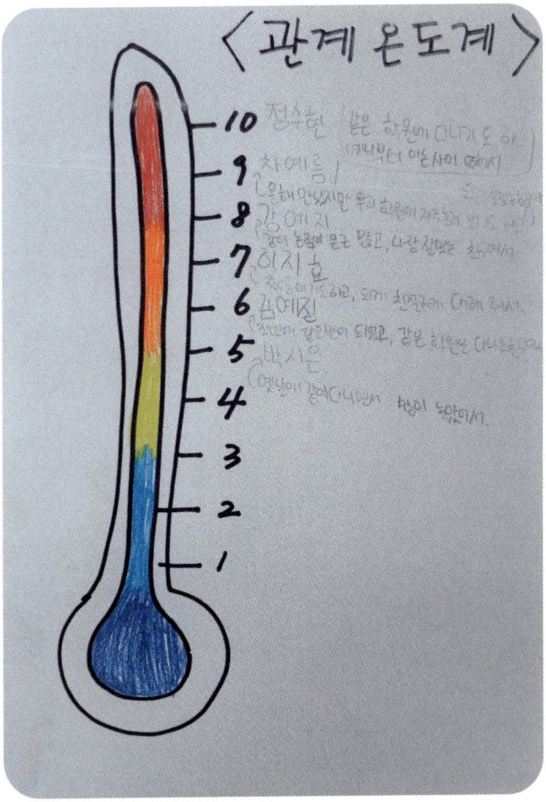

관계 온도계 학습지

닮은꼴

엄마랑 나가면
사람들이 말해
“엄마 닮았네”

아빠랑 나가면
사람들이 말해
“아빠랑 똑같네”

가족 모두 함께 나가면
사람들이 웃으며 말해
“모두 닮았네!”

동시 해설

「닮은꼴」은 가족을 바라보는 아이의 순수하고 재치 있는 시선을 담은 동시입니다. 엄마와 함께 있을 땐 '엄마 닮았네', 아빠와 함께 있을 땐 '아빠랑 똑같네', 가족 모두가 함께 있을 땐 '모두 닮았네!'라는 말을 들으며 닮음이라는 말에 담긴 따뜻한 유대감을 아이의 눈높이에서 담백하게 표현하고 있습니다.

수업에서는 아이들과 함께 가족사진을 중심에 붙이고, 그 주변을 꽃잎으로 꾸며 '우리 가족 꽃'을 만들어 보는 활동을 통해 가족의 닮은 점과 장점을 시각적으로 표현할 수 있습니다. 꽃잎마다 엄마, 아빠, 형제자매, 나의 장점을 적고, 꽃 이름을 지어보는 과정을 통해 가족 구성원에 대한 긍정적인 인식과 애정을 다시 한 번 되새기는 기회가 됩니다.

수업 활용

교과 사람들 1-1 30-31쪽

성취기준 [2즐01-03] 가족이나 주변 사람과 소통하며 어울린다.

사회 정서 역량

영역	자기		관계		공동체	마음건강
핵심역량	자기 인식	자기 관리	관계 인식	관계 관리	공동체 가치의 인식 및 관리	정신건강 인식 및 관리
본 활동			✓	✓		

수업 활동

교사: 얘들아, 눈을 감고 우리 가족의 장점을 생각해 봅시다.

학생: 잘 떠오르지 않아요.

교사: 여러 가지 장점을 떠올리려고 해서 그럴 수 있습니다. 딱 하나만 떠올려 봅시다.

학생: (생각하기)

교사: 미리 준비한 가족사진을 도화지 가운데에 붙이고, 꽃 모양을 크게 그립니다.

학생: (그리기)

교사: 꽃잎 부분에 우리 가족의 장점을 써봅시다.

학생: (장점 쓰기)

교사: 우리 가족 꽃을 친구들에게 보여주고 발표해 봅시다.

학생: 우리 가족은 엄마, 아빠, 그리고 저입니다. 엄마는 부지런해서 우리 집을 언제나 깨끗하게 해줍니다. 아빠는 웃겨서 우리 가족을 항상 웃게 만들어 줍니다. 저는 눈치가 빨라서 엄마, 아빠의 일을 잘 도와드립니다. 우리 가족 꽃의 이름은 '웃음꽃'입니다. 항상 잘 웃기 때문입니다.

교사: 우리 가족의 꽃 이름도 정말 잘 지었네요. 장점도 구체적으로 잘 표현했어요. 참 잘했습니다.

학생: 네.

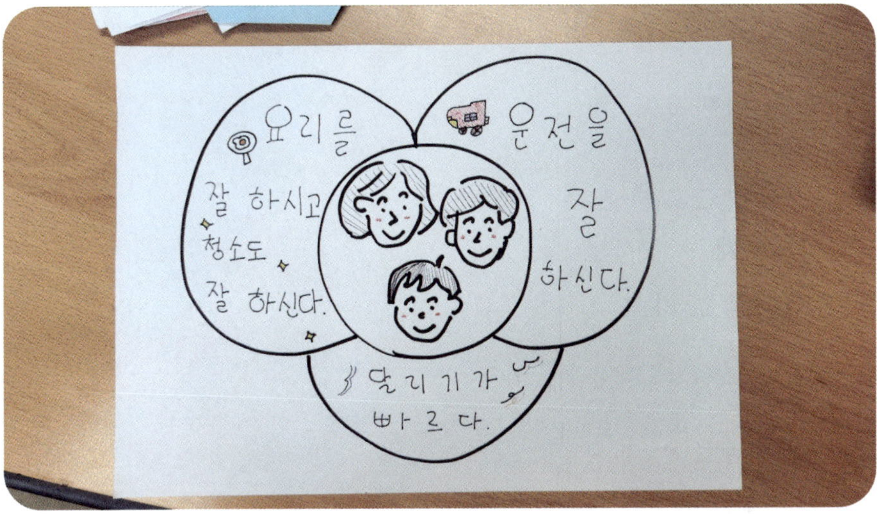

우리 가족 꽃 그림

우리 집 문고리

우리 집
문고리는 바빠요

옆집 아줌마는
상추 한 봉지
살짝 걸어두고 가고

윗집 형은
작아진 티셔츠
조심스레 걸어두고 가고

아랫집 아저씨는
반짝반짝 사과 한 봉지
넉넉하게 걸어두고 가요

우리 집 문고리는
나 대신
인사하느라 바빠요

동시 해설

「우리 집 문고리」는 이웃과 따뜻한 나눔과 정(情)을 '문고리'라는 작고 평범한 사물에 빗대어 표현한 동시입니다. 시 속 화자는 문고리를 통해 오가는 마음의 풍경을 조용히 바라보며, 우리 주변에 살아 숨 쉬는 따뜻한 관계의 이야기를 전하고 있습니다.

특히 '우리 집 문고리는 / 나 대신 / 인사하느라 바빠요'라는 문장은 문고리를 하나의 인격체처럼 표현하며, 이웃과 우리 가족을 이어주는 따뜻한 다리로 그려냅니다.

수업에서는 아이들에게 친구의 집 문고리에 걸어주고 싶은 선물을 그림으로 표현하는 활동을 할 수 있습니다. 선물을 통해 전달하고 싶은 감정을 감정 무드미터로 골라 보고 어떤 물건이 어떤 감정을 줄 수 있는지 생각하며 친구를 향한 관심과 배려의 마음을 기를 수 있습니다. 이 과정을 통해 아이들은 나눔과 선물의 의미가 물건보다 마음에 있다는 것을 자연스럽게 깨닫게 됩니다.

수업 활용

교과 사람들 1-1 32-33쪽

성취기준 [2즐01-03] 가족이나 주변 사람과 소통하며 어울린다.

사회 정서 역량

영역	자기		관계		공동체	마음건강
핵심역량	자기 인식	자기 관리	관계 인식	관계 관리	공동체 가치의 인식 및 관리	정신건강 인식 및 관리
본 활동			✓	✓		

수업 활동

교사: 오늘은 친구네 집 문고리에 살짝 걸어주고 싶은 선물을 그림으로 표현해 봅시다.

학생: 저는 인형을 그렸어요.

교사: 좋아요. 그 인형을 선물하면 친구는 어떤 감정을 느낄 것 같아요? 감정 무드미터에서 골라볼까요?

학생: '편안하다'라는 감정을 느낄 것 같아요.

교사: 네, 맞아요. 인형은 '편안하다'라는 감정을 선물하는 것과 같은 효과가 있겠네요.

학생: 네.

교사: 우리는 친구에게 좋은 감정을 직접 손으로 줄 수는 없지만, 선물을 통해 그런 감정을 느끼게 해줄 수 있어요. 그렇다면 상대방이 좋은 감정을 느낄 수 있는 선물을 하려면 어떻게 해야 할까요?

학생: 평소에 그 친구가 무엇을 좋아하는지 관찰해요.

교사: 좋아요. 친구에게 관심을 가지고 지켜보면, 꼭 맞는 선물이 떠오를 수 있죠.

학생: 저도 친구가 좋아하는 캐릭터를 기억해 뒀다가 그려준 적이 있어요.

교사: 참 따뜻한 행동이네요. 그렇게 정성껏 준비한 선물을 줄 때, 여러분도 감정을 느끼게 되지요. 어떤 감정을 느꼈나요?

학생: '만족하다'도 있었고, 뭔가 '편안하다'는 기분도 있었어요.

교사: 맞아요. 선물은 받는 사람뿐만 아니라 주는 사람에게도 좋은 감정을 선물합니다. 오늘처럼 여러분의 따뜻한 마음이 담긴 그림 선물이 친구의 하루를 환하게 만들 수도 있겠네요.

학생: 네.

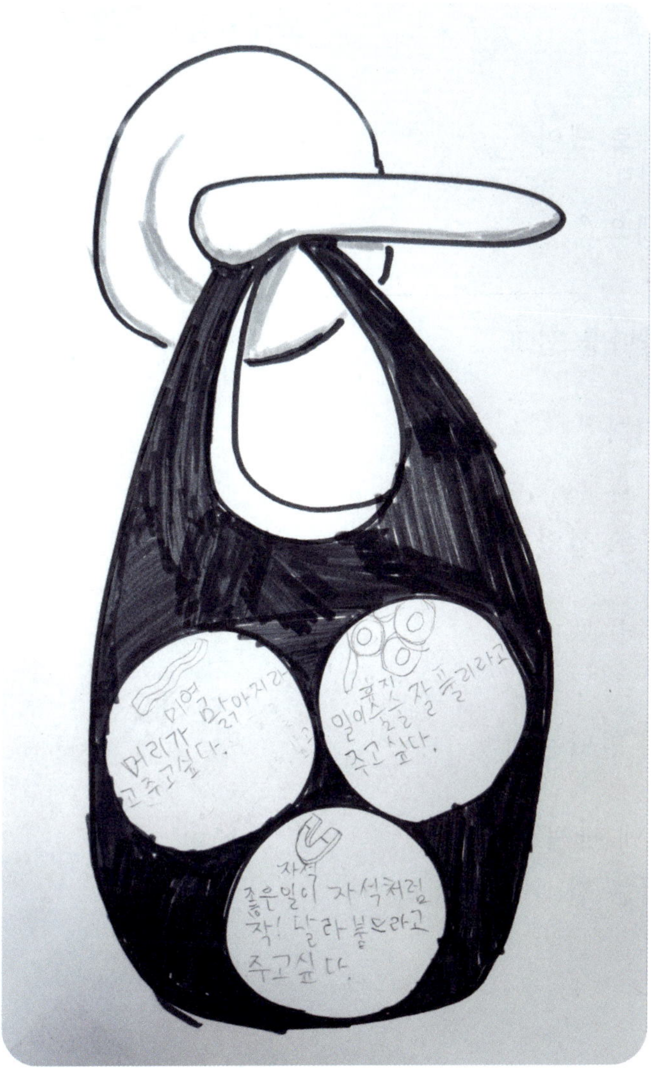

선물 그림 학습지

손가락 접기

아침에 문을 나서며
손가락으로
만난 사람을
세어 보기로 했어

“안녕하세요.”
인사하며
손가락 하나를 접고

“고맙습니다.”
말하며
손가락을 또 접었지

놀이터에서
친구들을
정말 많이 만났는데

모래놀이에 빠져서
손가락 접는 걸
깜빡했어

괜찮아,
모래알들이
오늘의 인사를
다 기억하고 있을 거야

동시 해설

「손가락 접기」는 일상 속 인사를 손가락 접기라는 귀엽고 구체적인 실천 방법으로 표현한 동시입니다. 아침에 집을 나서며 만난 사람마다 손가락 하나씩 접겠다고 결심하는 아이의 모습은, 인사의 의미를 소중히 여기려는 다정한 태도를 보여줍니다.

수업에서는 오늘 하루 인사를 나눈 친구들의 이름을 손가락 도안에 하나씩 적어 보는 활동을 통해 인사의 실천과 관계 맺기를 구체화해 볼 수 있습니다. 다섯 명을 채우지 못한 학생에게는 친구에게 다가가 인사를 나누는 실천으로 연결되며, 아이들은 인사가 단순한 예절을 넘어 마음을 연결하는 다리라는 것을 자연스럽게 경험하게 됩니다.

수업 활용

교과 사람들 1-1 34-35쪽

성취기준 [2슬01-03] 가족이나 주변 사람에게 관심을 갖고 함께 살아가는 모습을 탐구한다.

사회 정서 역량

영역	자기		관계		공동체	마음건강
핵심역량	자기 인식	자기 관리	관계 인식	관계 관리	공동체 가치의 인식 및 관리	정신건강 인식 및 관리
본 활동			✓	✓		

수업 활동

교사: 오늘 여러분은 몇 명의 친구와 인사를 나누었나요?

학생: 저는 3명의 친구와 인사를 나누었어요.

교사: 언제 인사를 나누었나요?

학생: 아침에 교실에서 만나서 이야기하면서 인사했어요.

교사: 좋아요. 이제 선생님이 나누어준 손가락 도안을 꺼내봅시다. 오늘 인사를 나눈 친구들의 이름을 손가락마다 한 명씩 적어보세요. 다섯 손가락에 모두 이름을 채우지 못한 친구는 지금이라도 가까운 친구에게 다가가 인사를 나눠보세요.

학생: 네. (서로 인사 나누기)

교사: 이제 다섯 손가락에 모두 이름을 썼나요?

학생: 네, 모두 썼어요.

교사: 잘했어요. 앞으로는 하루에 다섯 명 이상의 친구와 인사를 나누며 지내보도록 해요. 인사는 마음을 연결하는 좋은 시작이랍니다.

학생: 네.

손가락에 친구 이름 쓰기 학습지

세 글자 예쁜 말

고마워
사랑해
최고야

나를 기분 좋게 해주는
세 글자 예쁜 말

하지만,
자꾸자꾸 들어도
듣기 좋은 말은 따로 있지

또 놀자!

동시 해설

「세 글자 예쁜 말」은 어린이의 언어 감수성과 마음의 움직임을 섬세하게 포착한 동시입니다. '고마워', '사랑해', '최고야'처럼 짧지만 마음을 따뜻하게 만들어주는 말들은 아이들의 일상에서 관계를 이어주는 다정한 도구로 등장합니다.

이 동시는 '말'이라는 도구를 통해 타인과 마음을 주고받고 감정을 표현하는 법을 배워가는 성장의 과정을 응원합니다.

수업에서는 아이들이 생각하는 '세 글자 예쁜 말'을 포스트잇에 써서 친구에게 붙여주는 활동을 통해 긍정적인 언어 사용과 따뜻한 관계 맺기를 실천해 볼 수 있습니다. 서로에게 어떤 말을 가장 많이 받았는지 나누며 평소 친구들이 느끼는 긍정적인 이미지와 말의 힘에 대해 되돌아볼 수 있습니다. 이런 활동은 칭찬, 고마움, 애정 표현이 자연스럽게 오가는 교실 분위기 형성에 큰 도움이 됩니다.

수업 활용

교과 사람들 1-1 36-37쪽

성취기준 [2즐01-03] 가족이나 주변 사람과 소통하며 어울린다.

사회 정서 역량

영역	자기		관계		공동체	마음건강
핵심역량	자기 인식	자기 관리	관계 인식	관계 관리	공동체 가치의 인식 및 관리	정신건강 인식 및 관리
본 활동			✓	✓		

수업 활동

교사: 오늘은 동시에서 배운 세 글자 예쁜 말을 발표해 봅시다. 어떤 말이 떠오르나요?

학생 1: '고마워'요.

학생 2: '사랑해'가 떠올라요.

교사: 아주 좋은 말들이네요. 이제 포스트잇에 여러분이 생각한 세 글자 예쁜 말을 써서, 모둠 친구 한 명에게 살짝 붙여줍시다.

학생: (포스트잇에 예쁜 말 써서 친구에게 붙이기)

교사: 자, 이제 누가 어떤 말을 가장 많이 받았는지 볼까요? 학생 1은 왜 '고마워' 포스트잇을 가장 많이 받았을까요?

학생: 학생 1은 평소에 친구들에게 고맙다는 말을 자주 해요. 도와줄 때마다 "고마워!" 라고 말해줘요.

교사: 정말 따뜻한 친구네요. 그럼 학생 2는 왜 '사랑해' 포스트잇을 많이 받았을까요?

학생: 학생 2는 친구들을 꼭 안아주거나 "좋아해!" 같은 표현을 자주 해요. 그래서 다들 사랑받는 기분이 드나 봐요.

교사: 여러분, 오늘 활동을 통해 알 수 있었듯이 예쁜 말은 사람을 기분 좋게 하고, 관계를 더 따뜻하게 만들어 줍니다. 앞으로 우리 반이 평소에도 예쁜 말, 사랑하는 말,

칭찬하는 말을 많이 하는 반이 되면 좋겠어요.

학생: 네.

친구 몸에 붙인 포스트잇

가게 놀이

내 친구는
가게 놀이
하자고 해놓고
아무것도 안 사

왜 안 사냐고
물었더니
손가락만
까딱까딱

"아직 세일이 아니잖아!"

동시 해설

「가게 놀이」는 아이들이 일상에서 즐겨 하는 역할 놀이를 통해 유쾌하고 현실감 있는 상황을 표현한 동시입니다. '가게 놀이 / 하자고 해놓고 / 아무것도 안 사'는 친구의 행동은 자칫 얄밉게 느껴질 수 있지만, '손가락만 / 까딱까딱'하며 말하는 '아직 세일이 아니잖아!'라는 마지막 구절은 엉뚱하면서도 현실적인 대화의 유머를 전합니다.

수업에서는 '감정에 가격을 매겨보는 활동'을 통해 아이들은 놀이처럼 감정을 탐색하고, 감정의 소중함과 다양한 느낌의 깊이를 생각해 보는 기회를 가질 수 있습니다. 표정을 그리고 가격을 붙여보는 활동은 감정을 언어와 숫자로 표현하며 감정 조절력과 자기 인식을 기르는 데 효과적입니다. 또한 '감정 가격 맞추기' 게임을 통해 친구의 감정을 이해하려는 태도를 기를 수 있으며, '나쁜 감정의 의미 찾아보기'는 감정을 편견 없이 바라보는 건강한 마음 태도 형성에 도움을 줍니다.

수업 활용

교과 사람들 1-1 38-39쪽

성취기준 [2즐01-03] 가족이나 주변 사람과 소통하며 어울린다.

사회 정서 역량

영역	자기		관계		공동체	마음건강
핵심역량	자기 인식	자기 관리	관계 인식	관계 관리	공동체 가치의 인식 및 관리	정신건강 인식 및 관리
본 활동			✓	✓		

수업 활동

교사: 오늘은 감정에 가격을 매겨보는 활동을 해보겠습니다. 먼저 감정 무드미터를 보고 각 영역에서 한 가지씩 감정을 골라보세요. 그리고 그 감정에 어울리는 표정을 얼굴 그림에 그려보세요.

학생: 저는 '밉다', '행복하다', '외롭다', '사랑하다'라는 감정을 골랐어요.

교사: 각 감정에 잘 어울리는 표정을 정말 잘 그렸네요. 이제 뒷면에 그 감정의 '가격'을 적어볼까요? 가격은 1,000원에서 10,000원 사이로 정합니다. 여러분이 느끼기에 그 감정이 얼마나 소중하고, 또 얼마나 자주 겪는지를 생각해서 정해보세요.

학생: (가격 정하기)

교사: 이제 친구들과 함께 감정 가격 맞추기 게임을 해보겠습니다. 먼저 학생 1이 발표해 볼까요?

<감정 가격 맞추기 게임>

학생 1: 저는 '외롭다'라는 감정을 그렸습니다. 이 감정은 얼마일까요?

학생들: 1,000원

학생 1: 더 높습니다.

학생들: 2,000원

학생 1: 더 낮습니다.

학생들: 1,500원

학생 1: 정답입니다.

교사: 잘했어요. 학생 1은 왜 '외롭다'라는 감정에 1,500원을 매겼나요?

학생: 외로운 감정은 싫긴 한데요, 가끔은 혼자 있고 싶을 때 마음이 편안해져서요. 그래서 너무 낮지도, 너무 높지도 않게 1,500원으로 정했어요.

교사: 정말 멋진 설명이네요. 감정은 좋고 나쁜 것만으로 나눌 수 없어요. 슬픔도, 화남도, 외로움도 그 속에 의미가 있고, 우리를 도와주는 역할을 하기도 한답니다. 오늘은 여러분이 느낀 '나쁜 감정' 속에서도 좋은 점 하나씩 찾아보는 시간을 가져봅시다.

학생: 네.

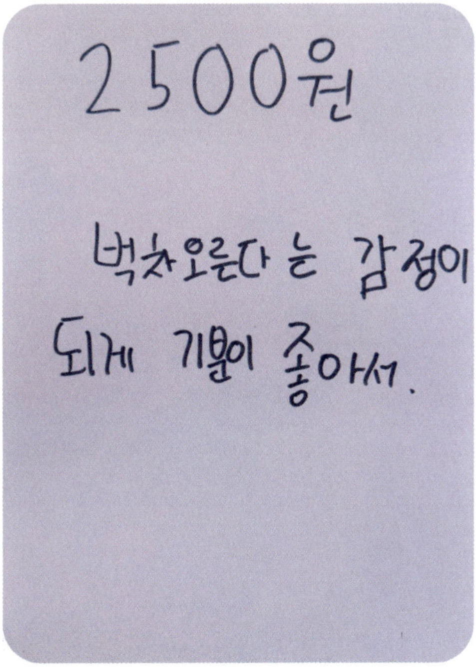

감정 카드(앞면에는 표정, 뒷면에는 가격 쓰기)

두 명

춤추고 싶은 사람?
네 명!

줄넘기하고 싶은 사람?
다섯 명!

종이접기 하고 싶은 사람?
일곱 명!

책 읽고 싶은 사람?
한 명!

아니,
방금 손든 선생님 덕분에

두 명!

동시 해설

「두 명」은 아이들의 교실 속 선택 장면을 통해 소외와 배려, 따뜻한 연결의 순간을 섬세하게 담아낸 동시입니다. '방금 손든 선생님 덕분에 // 두 명'이라는 마지막 장면은 작은 행동 하나가 얼마나 큰 위로가 될 수 있는지를 따뜻하게 보여 줍니다.

이 시는 취향의 다양성을 존중하고, 소외된 감정에 공감하며, 함께하는 마음이 지닌 힘을 아이들의 눈높이에서 전하는 아름다운 이야기입니다. '교사의 한 손짓'이 가지는 상징성과 감정적 울림은, 단순한 지지 그 이상의 '관계 맺기의 본보기'로 읽힙니다.

수업에서 학생들은 시를 읽고 감정 무드미터에서 자신이 느낀 감정을 고른 뒤 그 감정에 얽힌 경험을 짧은 문장으로 표현해 봅니다. 이후 친구와 짝이 되어 문장을 나누고 받아쓰기하는 활동은, 상대의 감정과 표현을 듣고 존중하는 태도를 기를 수 있게 도와줍니다. 말하기와 받아쓰기 속에서 느낀 불편함을 함께 나누며 속도를 조절하고 배려하는 말하기의 중요성을 자연스럽게 익히게 됩니다.

수업 활용

교과 사람들 1-1 40-41쪽

성취기준 [2바01-03] 가족이나 주변 사람을 배려하며 관계를 맺는다.

사회 정서 역량

영역	자기		관계		공동체	마음건강
핵심역량	자기 인식	자기 관리	관계 인식	관계 관리	공동체 가치의 인식 및 관리	정신건강 인식 및 관리
본 활동			✓	✓		

수업 활동

교사: 이 시를 읽고 어떤 감정이 떠오르나요? 감정 무드미터에서 골라봅시다.

학생 1: '벅차오르다'요.

학생 2: 저는 '감격하다'요.

교사: 좋아요. 그럼 선택한 감정을 활용해서 문장을 하나 만들어 볼까요?

학생 1: 나 혼자 앉아야 하는 줄 알고 실망했는데, 친구가 와서 감격했습니다.

학생 2: 저는 친구가 제 생일을 기억해 줘서 벅차올랐습니다.

교사: 잘했어요. 이번에는 짝과 문장을 바꾸어 말하고, 서로 받아 써봅시다.

학생: (서로 문장을 듣고 받아쓰기)

교사: 받아쓰기를 하면서 어떤 감정이 들었나요?

학생 1: '스트레스 받다'요.

학생 2: 저는 '지치다'요.

교사: 왜 그런 감정을 느꼈을까요?

학생 1: 친구가 너무 빨리 말해서 못 따라 썼어요.

학생 2: 저도 말해주는 속도를 맞추기 어려웠어요.

교사: 그랬군요. 다음부터는 천천히, 그리고 친절하게 말해주기로 약속하면 어떨까요?

학생: 네, 좋아요!

MEMO

우리 선생님

"얘들아, 안녕?"
인사하는 선생님

"글쓰기는 이렇게 하는 거야."
가르쳐주시는 선생님

"꼭꼭 씹어먹어."
급식 주는 선생님

우리가 집에 가면
청소하는 선생님

선생님은
언제 쉬실까?

동시 해설

「우리 선생님」은 하루를 함께 보내는 교실 속 선생님의 다양한 모습을 어린이의 시선으로 따뜻하게 그려낸 동시입니다. 이 동시는 선생님이라는 존재가 '가르치는 사람'을 넘어 '함께 살아가는 사람'임을 섬세하게 보여줍니다.

마지막 구절 '선생님은 / 언제 쉬실까?'는 아이 특유의 순수한 질문처럼 들리지만, 그 안에는 존경, 걱정, 감사가 자연스럽게 담겨 있습니다.

수업에서 아이들은 감정 주사위를 활용해 선생님이 자주 느끼는 감정에 대해 추측하고 이야기 나누는 활동을 합니다. '분노하다', '감격하다', '편안하다' 등 다양한 감정을 던져 보고, 선생님의 상황을 상상하며 말하는 과정은 공감 능력을 기르고 관계 인식 능력을 자연스럽게 키울 수 있게 합니다. 이 활동은 '감정은 공유되는 것'이라는 메시지를 중심으로 교사와 학생이 서로를 이해하고 연결되는 계기가 되어줍니다.

수업 활용

교과 사람들 1-1 42-43쪽

성취기준 [2슬01-03] 가족이나 주변 사람에게 관심을 갖고 함께 살아가는 모습을 탐구한다.

사회 정서 역량

영역	자기		관계		공동체	마음건강
핵심역량	자기 인식	자기 관리	관계 인식	관계 관리	공동체 가치의 인식 및 관리	정신건강 인식 및 관리
본 활동			✓	✓		

수업 활동

교사: 얘들아, 오늘은 선생님이 자주 느끼는 감정 이야기를 나누어 보려고 해요. 선생님이 교실에서 자주 느끼는 감정들을 감정 주사위에 담아 보았어요. 한 명씩 나와서 주사위를 던져보고, 선생님이 언제 그런 감정을 느끼는지 맞춰 보세요.

학생 1: (주사위를 굴리며) '분노하다'가 나왔습니다.

교사: 선생님은 언제 분노할까요?

학생 1: 학생들이 위험한 행동을 할 때 분노하시는 것 같아요.

교사: 맞아요! 뛰어다니거나 친구를 밀치는 걸 보면 걱정이 돼서 화가 나기도 해요. 잘 맞췄어요.

학생 2: (주사위를 굴리며) '감격하다'가 나왔습니다.

교사: 선생님은 언제 감격할까요?

학생 2: 우리가 발표를 열심히 할 때 감격하시는 것 같아요.

교사: 맞아요. 용기 내서 발표할 때마다 마음이 뭉클해져요. 정말 잘 맞췄어요.

학생 3: (주사위를 굴리며) '편안하다'가 나왔어요.

교사: 선생님은 언제 편안한가요?

학생 3: 우리가 조용히 책을 읽을 때 편안해 보이세요.

교사: 맞아요! 여러분이 집중해서 책 읽는 모습을 보면 선생님도 마음이 차분해져요. 아주 잘 맞췄네요. 여러분이 선생님의 감정을 이렇게 잘 맞추는 걸 보니, 평소에 선생님을 잘 관찰하고 있다는 생각이 들어요. 선생님도 여러분을 잘 보고, 마음을 이해하려고 노력할게요. 우리 서로 감정을 나누며 따뜻한 교실을 만들어 가요.

학생: 네.

감정 주사위 사진

1학년 모여라! 동시 놀이터

3장

우리나라

어흥! 우리나라

우리나라는
호랑이야!

꼿꼿하게 등을 펴고
성큼성큼 산을 넘지

앞을 보며 으르렁!
바람을 타고 씩씩하게

바다가 포근히 안아주고
산이 든든히 지켜주는 땅

오늘도 어흥!
고마운 우리나라

동시 해설

「어흥! 우리나라」는 우리나라를 용맹한 호랑이에 빗대어 표현한 동시입니다. 꼿꼿이 등을 펴고 성큼성큼 산을 넘으며 씩씩하게 나아가는 모습은, 우리나라의 자긍심과 강인한 정신을 상징적으로 보여줍니다.

'바다가 포근히 안아주고 / 산이 든든히 지켜주는 땅'이라는 표현은 우리나라 자연이 주는 따뜻함과 안정감을 담담하면서도 감성적으로 풀어내며, '오늘도 어흥!'이라는 마지막 구절은 생동감 넘치는 우리나라의 힘찬 하루를 응원하듯 마무리됩니다.

이 동시는 나라에 대한 자랑스러운 마음과 고마움을 아이들이 감정적으로 공감할 수 있도록 쉽게 풀어내고 있으며, 자연과 나라를 아끼고 사랑하는 태도를 길러주는 데 도움을 줍니다.

수업 활용

교과 우리나라 1-1 8-9쪽

성취기준 [2슬02-02] 우리나라의 모습이나 문화를 조사한다.

사회 정서 역량

영역	자기		관계		공동체	마음건강
핵심역량	자기 인식	자기 관리	관계 인식	관계 관리	공동체 가치의 인식 및 관리	정신건강 인식 및 관리
본 활동					✓	

수업 활동

교사: 얘들아, 오늘은 아주 힘찬 동시를 함께 읽어볼 거예요. 제목은 「어흥! 우리나라」예요. 선생님이 먼저 읽어줄게요. 잘 들어보세요. (교사 낭독)

교사: 어때요? 우리나라를 무엇에 비유했나요?

학생: 호랑이요!

교사: 맞아요! 어떤 호랑이인가요?

학생: 씩씩하고, 성큼성큼 걷고, 으르렁! 하는 호랑이요.

교사: 정말 잘 봤어요. 이번에는 이 동시의 느낌을 몸으로 표현해 볼까요? 한 줄씩 율동을 만들어서 발표해 보는 거예요.

학생: 좋아요!

교사: 예를 들어, '성큼성큼 산을 넘지'는 이렇게 (크게 다리를 들어 걷는 시늉) 표현할 수 있어요. 지금부터 모둠끼리 율동을 만들어 보세요. 5분 동안 연습하고 앞에 나와 발표해 봅시다.

학생: (모둠별 율동 만들고 연습하기)

교사: 자, 이제 발표할 모둠부터 손들어 볼까요?

학생: 저희 먼저 할게요! (발표하기)

교사: 정말 멋졌어요! 동시의 힘찬 느낌이 잘 살아났어요. 다른 모둠도 기대되네요. 다음은 어떤 모둠이 해볼까요?

학생: (다른 모둠 발표하기)

교사: 오늘 활동을 하면서 어떤 기분이 들었나요?

학생 1: 몸으로 표현하니까 동시가 더 재미있었어요!

학생 2: 우리나라가 진짜 멋진 호랑이처럼 느껴졌어요.

교사: 맞아요. 우리가 이렇게 몸으로 표현하면서 느낀 감정이 바로 시를 살아 있게 만드는 힘이에요. 우리도 어흥! 하고 자신 있게 살아가는 어린이로 자라납시다!

학생: 네.

사계절 크레파스

봄에는 분홍색
꽃들이 살랑살랑

여름에는 파란색
바다가 반짝반짝

가을에는 노란색
나뭇잎이 팔랑팔랑

겨울에는 하얀색
눈송이가 소복소복

그런데,
검은색이 삐졌어

검은색아,
너는
사계절 내내
내 머리 위에 있잖니!

동시 해설

「사계절 크레파스」는 계절에 어울리는 색깔들을 감각적 언어로 표현하고, 마지막에 색깔 중 하나인 '검은색'의 감정을 의인화하여 의외성과 따뜻함을 더한 동시입니다.

봄, 여름, 가을, 겨울을 각각 분홍, 파랑, 노랑, 하양으로 표현하고, '살랑살랑', '반짝반짝', '팔랑팔랑', '소복소복' 같은 의태어를 통해 계절의 이미지가 생생하게 살아납니다.

그러나 시의 흐름을 뒤집는 "검은색이 삐졌어"라는 문장은 읽는 이로 하여금 흠칫 놀라게 하며, 검은색에 대해 다시 생각하게 만듭니다. 그리고 마지막 "사계절 내내 / 내 머리 위에 있잖니!"라는 말은 검은 머리카락을 암시하며 익살스럽고 친근한 반전을 줍니다.

아이들은 이 시를 통해 색깔에 감정을 부여하고, 늘 곁에 있는 것들에 대해 새롭게 바라보는 경험을 할 수 있습니다.

수업 활용

교과 우리나라 1-1 10-11쪽

성취기준 [2슬02-02] 우리나라의 모습이나 문화를 조사한다.

사회 정서 역량

영역	자기		관계		공동체	마음건강
핵심역량	자기 인식	자기 관리	관계 인식	관계 관리	공동체 가치의 인식 및 관리	정신건강 인식 및 관리
본 활동					✓	

수업 활동

교사: 얘들아, 오늘은 아주 재미있고 귀여운 동시 하나를 읽어볼 거예요. 제목은 「사계절 크레파스」예요. 선생님이 먼저 읽어줄게요. 잘 들어보세요.

학생: (집중해서 듣는다)

교사: 이 동시에는 어떤 색들이 등장했나요?

학생 1: 분홍색이요! 봄이에요!

학생 2: 여름은 파란색이에요! 바다랑 같아요!

교사: 잘 찾았어요! 그런데, 시 맨 마지막에 어떤 색이 빠졌다고 했죠?

학생: 검은색이요!

교사: 왜 검은색이 빠졌을까요?

학생: 봄, 여름, 가을, 겨울에 검은색이 없어서요.

교사: 맞아요. 그런데 시인은 뭐라고 말하나요?

학생: 검은색은 사계절 내내 머리 위에 있다고 했어요!

교사: 그렇죠. 우리 머리 위엔 항상 검은 밤하늘이 있지요. 이제 오늘의 활동을 소개할게요. 우리는 이 동시를 검은 도화지에 흰색이나 색색의 크레파스로 옮겨써 볼 거예요. 왜 검은 도화지일까요?

학생 1: 검은색이 주인공이니까요!

학생 2: 삐졌던 검은색을 기분 좋게 해주는 활동이에요!

교사: 맞아요. 삐진 검은색의 기분을 풀어줍시다.

학생: 네.

교사: 완성한 시화는 우리 교실 뒤편에 전시할 거예요. 검은색이 더 이상 삐지지 않도록 정성껏 옮겨써 주세요.

학생: 네.

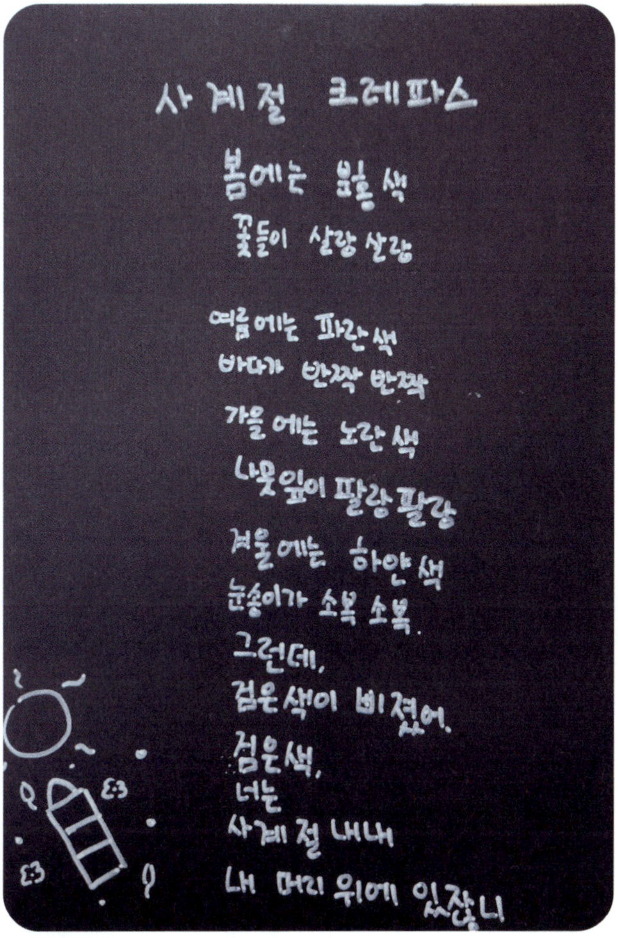

검은색 도화지에 시화 그리기

태극 무늬

어? 이상하다?
왜 학교 현관에 태극기가 있지?

어? 이상하다?
왜 교실 칠판 위에 태극기가 있지?

"야! 이제 봤냐?
원래 있었거든."

친구의 말에
내 얼굴은
붉그락 푸르락!

내 얼굴엔
태극 무늬

동시 해설

「태극 무늬」는 익숙한 공간 속 태극기를 뒤늦게 발견한 화자의 놀람과 민망함을 아이의 시선으로 유쾌하게 풀어낸 동시입니다. 현관과 교실 칠판 위라는 아주 평범한 공간에서 '이제야' 태극기를 본 아이는 당황하고 친구의 한마디에 얼굴이 '붉그락 푸르락' 달아오릅니다. 마지막 줄 '내 얼굴엔 / 태극 무늬'는 태극기의 붉은색과 푸른색이 얼굴색에 겹쳐 보이는 재치 있는 비유입니다. 또, '이제는 태극기를 기억하게 되었다'는 아이의 인식 변화를 유쾌하게 마무리합니다.

이 동시는 관찰력, 무심코 지나친 것에 대한 자각, 그리고 우리나라 상징물에 대한 새삼스러운 깨달음을 담고 있어 아이들이 일상 속 애국심을 자연스럽게 되새기게 도와줍니다.

수업 활용

교과 우리나라 1-1 12-13쪽

성취기준 [2슬02-02] 우리나라의 모습이나 문화를 조사한다.

사회 정서 역량

영역	자기		관계		공동체	마음건강
핵심역량	자기 인식	자기 관리	관계 인식	관계 관리	공동체 가치의 인식 및 관리	정신건강 인식 및 관리
본 활동					✓	

수업 활동

교사: 얘들아, 오늘은 재미있고 뜻깊은 동시 하나를 함께 읽어볼 거예요. 제목은 「태극 무늬」입니다. 선생님이 먼저 읽어줄게요. 잘 들어보세요.

학생: (집중해서 듣기)

교사: 어때요? 이 시의 주인공은 무엇을 보고 깜짝 놀랐나요?

학생 1: 학교 현관에 태극기가 있어서요!

학생 2: 교실 칠판 위에도 있어서요!

교사: 그런데 친구는 뭐라고 말하죠?

학생: "원래 있었거든!"이요!

교사: 맞아요. 친구는 이미 알고 있었고, 주인공만 이제야 눈치챘죠. 그런데 마지막에 화자의 얼굴이 어떻게 되었다고 표현하나요?

학생: 붉그락 푸르락이요! 부끄러워서 그런 거예요.

교사: 네, 바로 그 표현이 재미있지요? 오늘은 이 동시 내용을 바탕으로 '태극기 네 컷 만화'를 그려보려고 해요. 네 칸 안에 태극기를 설명하는 그림이나 말 주머니를 만들어 보세요.

학생: 네.

태극기는
멋지다, 그리고 예쁘다
태극문양은
빨간색과 파란색으로
이루어져 있다.
4괘는
하늘, 땅, 물, 불이다.
하늘
땅
물
불
나는
태극기가 자랑스럽다.

태극기 네 컷 만화

메아리

"대한 사람, 대한으로
길이 보전하세."

애국가를 다 부르고
친구가 나에게 말했어

"야! 대한 사람!"

나도 친구를 불렀어

"왜? 대한 사람!"

동시 해설

「메아리」는 애국가의 마지막 구절에서 출발해, 친구와의 말놀이 속에 국민으로서의 소속감과 유쾌한 자아 인식을 담아낸 동시입니다.

"야! 대한 사람!", "왜? 대한 사람!"이라는 짧은 대화는 단순한 말장난 같지만, 그 안에는 나도 대한 사람이라는 사실과 그 말을 함께 나누는 사이가 있다는 것에 대한 즐거움이 담겨 있습니다. '메아리'라는 제목은 이 말이 친구를 따라 나에게 오고 되돌아가는 울림의 상징으로 쓰여 '대한 사람'이라는 말의 힘과 계속 이어지는 의미를 보여줍니다.

이 동시는 아이들에게 애국심을 강요하기보다, 일상의 대화를 통해 대한민국 사람이라는 사실을 자랑스럽게 받아들이는 마음을 즐겁고 자연스럽게 길러주는 작품입니다.

수업 활용

교과 우리나라 1-1 24-25쪽

성취기준 [2바02-02] 우리나라의 소중함을 알고 사랑하는 마음을 기른다.

사회 정서 역량

영역	자기		관계		공동체	마음건강
핵심역량	자기 인식	자기 관리	관계 인식	관계 관리	공동체 가치의 인식 및 관리	정신건강 인식 및 관리
본 활동					✓	

수업 활동

교사: 얘들아, 오늘은 아주 특별한 동시를 읽어볼 거예요. 제목은 「메아리」예요. 선생님이 먼저 읽어줄게요. 잘 들어보세요.

학생: (집중해서 듣기)

교사: 어때요? 듣는 동안 어떤 장면이 그려졌나요?

학생 1: 애국가를 다 부르고 난 뒤 친구가 장난처럼 "대한 사람!" 하고 불러요!

학생 2: 그래서 나도 "왜? 대한 사람!" 하고 받아쳐요!

교사: 맞아요. 서로 주고받는 장면이 재미있지요?

학생: 네!

교사: 그래서 오늘은 애국가 1절을 함께 불러보는 시간을 가질 거예요. 가사의 뜻도 함께 생각하며 불러봅시다. (애국가 가사 PPT 띄우기 또는 판서)

교사: 시작!

학생: (애국가 부르기)

교사: 참 잘 불렀어요! 이제 동시처럼 짝과 함께 "대한 사람! 왜? 대한 사람!" 하고 짧은 말놀이도 해볼까요?

학생: (서로 웃으며 메아리 대화해 보기)

교사: 우리가 부른 애국가는 단순한 노래가 아니라, 우리나라를 사랑하는 마음이 담긴 노래예요. 앞으로도 태극기와 함께 애국가도 마음속에 간직해요.

학생: 네!

무궁화가 활짝

매일 새로운 꽃을
피워내는 무궁화

힘들지 않냐고
다정히 물었더니

다섯 얼굴 환하게
보여주며

노오란
입술을
앞으로
쭉 내민다

동시 해설

「무궁화가 활짝」은 우리나라의 꽃, 무궁화를 살아 있는 존재처럼 바라보며 그 꾸준한 피어남에 마음으로 말을 건네는 동시입니다. 화자는 매일 피어나는 무궁화를 보며 "힘들지 않니?"라고 묻습니다. 이 짧은 질문은 무궁화의 꾸준함에 대한 공감과 존중을 담고 있으며, 동시에 우리 삶의 인내와 아름다움을 떠올리게 합니다.

'다섯 얼굴 환하게 / 보여주며'라는 표현은 무궁화 꽃잎을 사람의 얼굴처럼 의인화한 부분으로 '노오란 / 입술을 / 앞으로 / 쭉 내민다'라는 묘사는 꽃술이 튀어나온 무궁화의 구조를 마치 감정 표현처럼 생생하게 전달합니다.

이 시는 아이들에게 자연을 바라보는 다정한 시선과 지속되는 아름다움의 가치에 대해 조용하지만 깊은 울림을 줍니다.

수업 활용

교과 우리나라 1-1 26-27쪽

성취기준 [2바02-02] 우리나라의 소중함을 알고 사랑하는 마음을 기른다.

사회 정서 역량

영역	자기		관계		공동체	마음건강
핵심역량	자기 인식	자기 관리	관계 인식	관계 관리	공동체 가치의 인식 및 관리	정신건강 인식 및 관리
본 활동					✓	

수업 활동

교사: 얘들아, 오늘은 무궁화에 대한 아름다운 동시를 함께 읽어볼 거예요. 제목은 「무궁화가 활짝」이에요. 선생님이 먼저 읽어줄게요.

학생: (귀 기울여 듣는다)

교사: 이 시에서 무궁화는 어떤 모습으로 표현되었나요?

학생 1: 매일 새로운 꽃을 피워내는 모습이요.

학생 2: 다섯 얼굴을 활짝 보여주는 모습도요!

교사: 맞아요. 시인은 무궁화가 매일 피어나고 웃어주는 모습을 사람처럼 표현했어요. 그럼, 이제 우리가 직접 무궁화를 표현해 볼까요? 바로 무궁화 삼행시 짓기 활동입니다.

(무궁화 삼행시 예시)

무: 무지개처럼 고운 빛깔로

궁: 궁금하게 다가와

화: 화사하게 피는 너, 무궁화야

교사: 자, 이제 여러분도 삼행시를 한번 지어봅시다. 마음껏 상상해도 좋아요. 발표할 친구는 손 들어 볼까요?

학생 1: **무:** 무더운 여름날에도

궁: 궁시렁거리지 않고

화: 화~ 웃는 무궁화가 좋아요

학생 2: **무:** 무궁무진한 힘으로

궁: 궁극의 아름다움을 보여주는

화: 화려한 우리의 꽃, 무궁화!

교사: 정말 멋진 표현이에요! 무궁화처럼 꾸준히 피어나고, 환하게 웃는 여러분의 말이 오늘 교실을 더 아름답게 만들었어요. 우리 교실 뒤 게시판에 여러분의 삼행시를 예쁘게 꾸며 전시해 볼까요?

학생: 네.

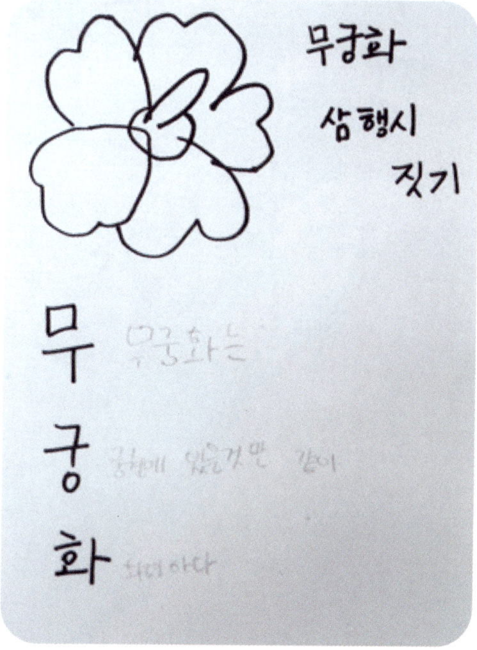

무궁화 삼행시

너와 나

너는 태극기,
펄럭펄럭 높이 날며
힘차게 외치고

나는 무궁화,
살랑살랑 피어나
따뜻하게 길을 밝히네

너와 나,
다른 모습이지만
나라 사랑 마음만은
꼭 닮은 친구

동시 해설

「너와 나」는 우리나라를 상징하는 태극기와 무궁화를 각각 '너'와 '나'로 의인화하여, 모양은 다르지만 마음은 같은 존재임을 따뜻하게 표현한 동시입니다. 태극기는 '펄럭펄럭 높이 날며 힘차게 외치는' 존재로 용기, 자부심, 힘을 상징하고, 무궁화는 '살랑살랑 피어나 따뜻하게 길을 밝히는' 존재로, 온화함, 평화, 희망을 나타냅니다.

이처럼 서로 다른 모습이지만 '나라 사랑'이라는 같은 마음으로 연결된 '닮은 친구'라는 표현은 서로 다름을 존중하면서도 마음은 이어질 수 있다는 소중한 공동체 메시지를 담고 있습니다.

아이들은 이 시를 통해 국가 상징물의 의미를 자연스럽게 이해하고 서로 다름에서 공통점을 발견하는 시선을 기를 수 있습니다.

수업 활용

교과 우리나라 1-1 28-29쪽

성취기준 [2즐02-02] 우리나라의 문화 예술을 즐긴다.

사회 정서 역량

영역	자기		관계		공동체	마음건강
핵심역량	자기 인식	자기 관리	관계 인식	관계 관리	공동체 가치의 인식 및 관리	정신건강 인식 및 관리
본 활동					✓	

수업 활동

교사: 얘들아, 오늘은 태극기와 무궁화가 등장하는 아름다운 동시를 함께 읽어볼 거예요. 제목은 「너와 나」예요. 선생님이 먼저 읽어줄게요.

학생: (귀 기울여 듣는다)

교사: 이 시에서 '너'는 누구인가요?

학생: 태극기요! 펄럭펄럭 높이 나는 모습이 나왔어요.

교사: 그렇죠. 그럼 '나'는 누구일까요?

학생: 무궁화요! 살랑살랑 피어나는 모습이 나왔어요.

교사: 맞아요. 태극기와 무궁화는 서로 다르지만, 어떤 점이 닮았다고 했나요?

학생: 나라를 사랑하는 마음이요!

교사: 그렇죠! 그래서 오늘은 이 시를 바탕으로 태극기와 무궁화가 친구가 되어 서로를 칭찬하고 우정을 나누는 역할극을 해볼 거예요. 선생님이 예시를 보여줄게요.

(태극기와 무궁화의 우정 역할극 예시)

학생 1(태극기 역할): 무궁화야, 나는 네가 좋아. 왜냐하면 조용히 피어 있으면서도, 항상 우리 곁을 지켜줘서 고마워.

학생 (무궁화 역할): 태극기야, 나는 네가 자랑스러워. 왜냐하면 바람에 힘차게 펄럭이며, 나라를 대표하는 모습이 정말 멋지거든!

교사: 자, 이렇게 두 친구가 서로를 존중하며 말하는 거예요. 이제 짝을 지어서 한 명은 태극기, 한 명은 무궁화가 되어 연습해 봅시다.

학생: 네.

우리만의 암호

오늘 준비물은
이황 선생님 한 장

천 원 들고
놀이터로 모였다

오늘 준비물은
이이 선생님 한 장

오천 원 들고
분식집에 모였다

암호를 엿들은
엄마의 한마디

“돈 아껴 써라!”

동시 해설

「우리만의 암호」는 친구들끼리만 통하는 비밀스러운 언어를 통해 어린이들의 세계를 유쾌하게 보여주는 동시입니다. '이황 선생님 한 장'은 천 원, '이이 선생님 한 장'은 오천 원을 뜻합니다. 아이들은 지폐 속 인물 이름을 돈의 단위로 바꾸어 부르며, 이를 '암호'처럼 사용해 놀이터와 분식집이라는 자신들만의 장소로 향합니다.

이 동시는 짧은 문장 속에 상상력, 놀이성, 사회성이 자연스럽게 녹아 있습니다. 아이들은 단순히 돈을 사용하는 것이 아니라 그 안에 '나만의 언어'를 입혀 친구들과 소속감을 나누고 소통의 재미를 경험합니다. 이러한 언어유희는 발달적으로 언어 표현력과 사회적 상상력을 키우는 데 매우 긍정적입니다.

이 동시는 아이들이 언어를 놀이로 즐기며 사회적 상호작용 속 창의적 표현을 시도하고, 소소한 일상도 시로 표현할 수 있다는 자신감을 가질 수 있도록 도와줍니다.

수업 활용

교과 우리나라 1-1 30-31쪽

성취기준 [2바02-02] 우리나라의 소중함을 알고 사랑하는 마음을 기른다.

사회 정서 역량

영역	자기		관계		공동체	마음건강
핵심역량	자기 인식	자기 관리	관계 인식	관계 관리	공동체 가치의 인식 및 관리	정신건강 인식 및 관리
본 활동					✓	

수업 활동

교사: 얘들아, 오늘은 세상에 하나뿐인 '내 얼굴 화폐'를 만들어 볼 거예요. 진짜 돈처럼 숫자도 적고, 가운데엔 내 얼굴 그림을 넣을 거예요!

학생 1: 제 얼굴이 돈에 들어가면 웃길 것 같아요!

학생 2: 저는 엄청 진지한 표정으로 그려야겠어요!

교사: 좋아요! 그런데 오늘 활동에는 숨은 미션이 있어요. 내 얼굴에 감정을 담아 그리는 것이에요. 화폐를 다 만든 뒤에는 서로 얼굴을 보고 "이 얼굴에 숨은 감정은 뭘까요?" 하고 맞히는 감정 찾기 게임을 할 거예요.

학생: 네.

MEMO

너 같은 꼬마는 처음이니라

동생이
처음 글자를
읽은 날 밤

꿈에서
세종대왕님을
만났어

글자 모르는
동생을
더 이상
놀릴 수 없다고
세종대왕님께
투덜거렸어

세종대왕님께서
허허 웃으며
대답하셨어

너 같은 꼬마는
처음이니라

동시 해설

「너 같은 꼬마는 처음이니라」는 유쾌한 상상력과 따뜻한 위트가 담긴 동시입니다. 동생이 처음 글자를 읽은 날, 형은 더 이상 놀릴 수 없게 된 서운한 마음을 꿈속에서 세종대왕님께 털어놓습니다. 그러자 세종대왕님은 '너 같은 꼬마는 처음이니라'며 허허 웃으며 응답하십니다. 이 말은 꾸중이 아니라 어린아이의 감정을 귀엽게 받아주는 너그럽고 다정한 말로 느껴집니다.

이 동시는 세종대왕이라는 역사적 인물을 아이의 상상 속으로 불러내 일상 속 감정을 자연스럽게 풀어내는 것이 특징입니다. 동생에게 질투를 느끼고 그런 자신을 솔직히 표현하는 아이의 마음은 진심 어린 유머와 함께 성장의 모습을 보여줍니다. 또한 '누구든 처음 배우는 순간이 있다'는 사실을 자연스럽게 이해하게 해주며 배움을 향한 존중과 기다림의 가치를 일깨워 줍니다.

수업에서는 이 시를 통해 세종대왕이 훈민정음을 만든 이유와 모두가 쉽게 글을 읽고 쓸 수 있도록 한 노력을 함께 되새길 수 있습니다. 아이들은 '내가 세종대왕이라면 어떤 말을 해줄까?'라는 질문에 상상으로 답하면서 역사 인물에 대한 이해와 함께 말의 따뜻한 힘을 느껴볼 수 있습니다.

수업 활용

교과 우리나라 1-1 34-35쪽

성취기준 [2바02-02] 우리나라의 소중함을 알고 사랑하는 마음을 기른다.

사회 정서 역량

영역	자기		관계		공동체	마음건강
핵심역량	자기 인식	자기 관리	관계 인식	관계 관리	공동체 가치의 인식 및 관리	정신건강 인식 및 관리
본 활동					✓	

수업 활동

교사: 얘들아, 오늘은 재미있는 상상이 담긴 시 한 편을 읽어볼 거예요. 제목은 「너 같은 꼬마는 처음이니라」예요. 함께 읽어볼까요?

학생: (집중해서 읽기)

교사: 어떤 내용이었나요?

학생 1: 동생이 글자를 처음 읽게 됐고, 꿈에서 세종대왕님을 만난 이야기예요.

학생 2: 형이 동생을 놀리다가 세종대왕님한테 혼난 것 같아요!

교사: 맞아요. 그런데 세종대왕님께서 "너 같은 꼬마는 처음이니라" 하며 웃으셨죠? 왜 그렇게 말씀하셨을까요?

학생 1: 글자를 모르는 동생을 놀리는 모습이 우습다는 뜻 같아요.

학생 2: 세종대왕님은 누구나 배울 수 있도록 글자를 만든 분이라 그런 것 같아요.

교사: 정말 멋진 생각이에요. 오늘은 우리도 세종대왕님이 된 것처럼 상상해 볼 거예요. 여러분이 세종대왕님이라면, 글자를 처음 배우는 사람에게 어떤 말을 해주고 싶나요? 지금부터는 세종대왕님의 얼굴 그림 옆에 여러분이 상상한 말을 말풍선으로 적어 꾸며보는 활동을 해볼 거예요.

학생: 네.

교사: 자, 그럼 따뜻하고 지혜로운 세종대왕님의 말을 생각해 보고, 말풍선을 예쁘게 그려 볼까요?

학생: 네.

1학년 모여라! 동시 놀이터

4장

탐험

우리들의 우주여행

엄마가 말했어

내가 크면
우주에 갈 수 있다고

내가 말했어

엄마가 건강하면
같이 우주에 갈 수 있다고

동시 해설

「우리들의 우주여행」은 아이와 엄마의 짧은 대화를 통해 꿈, 사랑, 미래에 대한 소망을 감성적으로 풀어낸 동시입니다. '내가 크면 우주에 갈 수 있다'는 말에는 아이의 꿈과 도전, '엄마가 건강하면 같이 가자는 말'에는 가족에 대한 사랑과 바람이 고스란히 담겨 있습니다.

수업에서는 아이들과 함께 우주여행을 간다면 누구와 가고 싶은지 이야기 나누고 그 사람에게 함께 우주에 가자는 내용을 담은 사랑의 쪽지 쓰기 활동을 진행합니다. 이 활동은 호기심과 상상력을 자극하고 관계 인식 능력과 감성 표현력을 기르는 데 효과적입니다. 쪽지를 주고받는 과정은 교실 속 따뜻한 분위기와 긍정적 유대감을 높이는 데 큰 역할을 할 것입니다.

수업 활용

교과 탐험 1-1 8-19쪽

성취기준 [2바02-04] 새로운 활동에 호기심을 갖고 도전한다.

사회 정서 역량

영역	자기		관계		공동체	마음건강
핵심역량	자기 인식	자기 관리	관계 인식	관계 관리	공동체 가치의 인식 및 관리	정신건강 인식 및 관리
본 활동			✓	✓		

수업 활동

교사: 얘들아, 오늘은 신나는 상상을 해볼 거예요.

학생: 어떤 상상이요?

교사: 만약 우리가 우주여행을 갈 수 있다면, 누구와 함께 가고 싶은가요? 가족일 수도 있고, 친구일 수도 있어요.

학생: 저는 ○○이요!

교사: 오, ○○이랑 가고 싶은 이유가 있나요?

학생: 네! 같이 있으면 재미있고, 무서운 것도 덜할 것 같아요.

교사: 정말 멋진 이유네요. 자, 그럼 함께 우주여행을 가고 싶은 사람을 한 명씩 정해서, 그 사람에게 쪽지를 써볼 거예요.

학생: 뭐라고 써야 돼요?

교사: 예를 들어, 왜 그 사람과 가고 싶은지, 우주에서 같이 하고 싶은 일, 그 사람에게 하고 싶은 말 같은 것들을 담아 쓰면 좋아요.

학생: "○○아, 우리 우주에서 별똥별 보면서 누워있자." 이렇게 써도 돼요?

교사: 그럼요! 정말 감동적인 쪽지네요! 받는 사람이 분명 기뻐할 거예요.

MEMO

진짜 계실까?

우주에 가면
별이 되신
할아버지를 만날 거야

"안녕하세요!"
크게 외치고,
다시 돌아올 거야

근데,
진짜 계실까?

동시 해설

「진짜 계실까」는 아이가 그리운 존재와 다시 만나고 싶은 마음을 우주라는 상상의 공간을 통해 조심스럽게 표현한 감성 동시입니다. 이 동시는 '별이 되신 할아버지'를 만나기 위한 여행을 말하지만, 그 안에는 그리움, 믿음, 조심스러운 의심 등 복합적인 감정이 담겨 있습니다.

'우주에 가면 / 별이 되신 / 할아버지를 만날 거야'라는 구절에는 아이의 순수한 신념이, '크게 외치고, / 다시 돌아올 거야'에는 마음을 전하고 돌아오려는 의지가 담겨 있습니다.

수업에서는 우주를 상상하며 외계인을 만났을 때 나누고 싶은 이야기를 생각해 보고 외계인에게 하고 싶은 말을 편지로 쓰는 활동을 진행합니다. 이 활동은 아이들이 상상력을 발휘하는 동시에 낯선 존재와도 마음을 나눌 수 있는 소통의 방법을 배우는 데 도움이 됩니다.

수업 활용

교과 탐험 1-1 22-23쪽

성취기준 [2즐02-04] 다양한 세상을 상상하고 표현한다.

사회 정서 역량

영역	자기		관계		공동체	마음건강
핵심역량	자기 인식	자기 관리	관계 인식	관계 관리	공동체 가치의 인식 및 관리	정신건강 인식 및 관리
본 활동			✓	✓		

수업 활동

교사: 얘들아, 우주에 가면 누가 있을까요?

학생: 외계인이요.

교사: 만약, 여러분 앞에 외계인이 나타난다면, 어떤 이야기를 나누고 싶나요?

학생: 지구에 오지 말라고 할 것 같아요.

교사: 오, 그 이유가 있나요?

학생: 왠지 위험할 것 같아요.

교사: 그러면 우주에서 외계인을 만나면 하고 싶은 것이 있나요?

학생: 피구를 해보고 싶어요.

교사: 왜 피구를 하고 싶었나요?

학생: 처음에는 낯설지만, 피구를 하다 보면 친해질 수 있을 것 같아요.

교사: 아주 좋은 생각이에요. 낯선 존재와도 놀이를 통해 마음이 가까워질 수 있죠. 그럼 이제, 외계인에게 하고 싶은 말을 편지로 써봅시다.

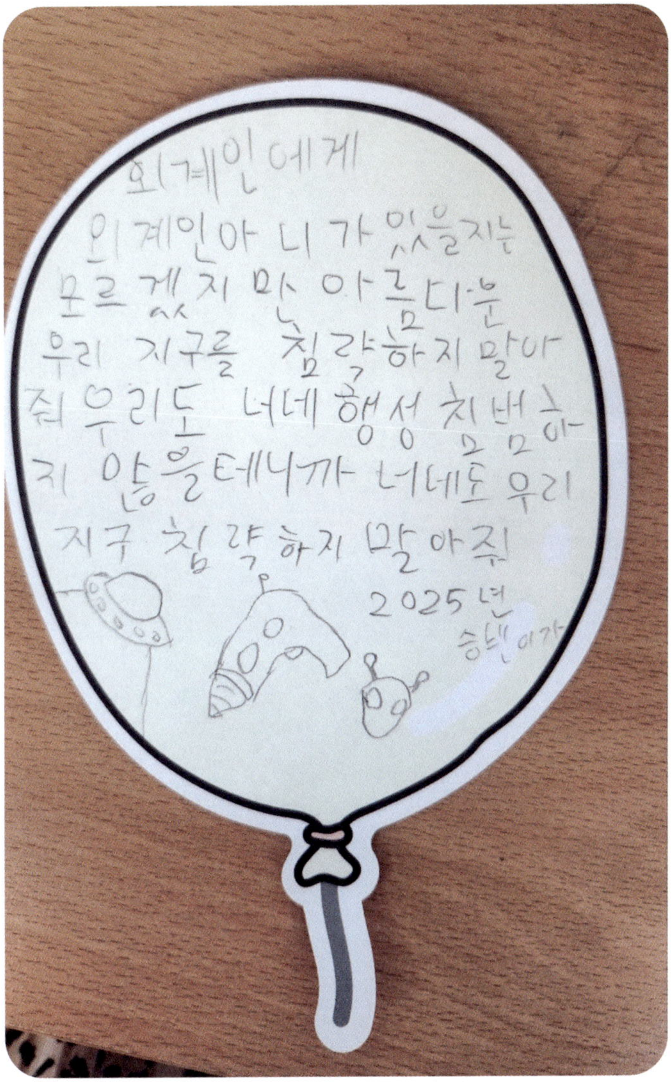
외계인에게
외계인아 니가 있을지는
모르겠지만 아름다운
우리 지구를 침략하지 말아
줘 우리도 너네 행성 침범하
지 않을테니까 너네도 우리
지구 침략하지 말아줘
2025년

외계인에게 편지 쓰기

해님 떡, 달님 떡

해님 떡 속엔
햇살 닮은
딸기시럽을 넣었고

달님 떡 속엔
달빛 닮은
고소한 참깨를 넣었어

자,
얼른 먹어 봐!

동시 해설

「해님 떡, 달님 떡」은 해와 달이라는 자연의 상징을 떡이라는 친숙한 음식에 빗대어 표현한 동시입니다. 짧은 문장 속에 따뜻한 상상력과 나눔의 감정이 담겨 있어, 읽는 이에게 즐거움을 줍니다.

'해님 떡 속에는 햇살을 닮은 딸기시럽이 들어 있고, 달님 떡에는 달빛을 닮은 고소한 참깨가 들어 있다'는 표현은, 자연의 빛을 단순히 시각적 이미지로 그리는 데서 멈추지 않고 미각과 감정을 연결지어 감성적으로 풀어낸 독창적인 상상력입니다.

수업에서는 아이들과 함께 '감정 떡'을 만들어 보는 활동을 진행합니다. 먼저 감정 무드미터나 그림카드를 활용하여 지금 느끼는 감정을 고르고 그 감정에 어울리는 떡의 맛, 재료, 모양, 색깔 등을 상상하여 표현해 봅니다. 이후 클레이를 이용해 자신만의 감정 떡을 만들고, 그 떡을 누구에게 주고 싶은지, 왜 주고 싶은지도 이야기해 보는 시간을 가질 수 있습니다.

이 활동을 통해 아이들은 자신의 감정을 인식하고 타인의 마음을 헤아리며 따뜻하게 표현하는 능력을 기르게 됩니다.

수업 활용

교과 탐험 1-1 24-25쪽

성취기준 [2즐02-04] 다양한 세상을 상상하고 표현한다.

사회 정서 역량

영역	자기		관계		공동체	마음건강
핵심역량	자기 인식	자기 관리	관계 인식	관계 관리	공동체 가치의 인식 및 관리	정신건강 인식 및 관리
본 활동			✓	✓		

수업 활동

교사: 얘들아, 오늘은 아주 특별한 떡을 만들어 볼 거예요.

학생: 어떤 떡인데요?

교사: 바로 '감정 떡'이에요! 무드미터에서 마음에 드는 감정을 고르고, 그 감정을 느낄 수 있게 하는 떡을 상상해 봅시다.

학생: 저는 행복 떡을 만들고 싶어요.

교사: 아주 좋아요. 행복 떡에는 어떤 재료를 넣으면 좋을까요?

학생: 초코칩을 넣으면 좋겠습니다.

교사: 정말 멋진 아이디어예요. 모양은 어떤 모양이면 좋을까요?

학생: 저는 송편처럼 반달 모양으로 만들고 싶어요.

교사: 그렇군요. 그러면 행복 떡을 누구에게 주고 싶은가요?

학생: 짝에게 주고 싶습니다. 요즘 너무 피곤해 보이기 때문입니다.

교사: 정말 따뜻한 마음이네요. 클레이로 행복 떡을 만들고 친구에게 선물해 주세요.

학생: 네.

MEMO

바다 아파트

바다 아파트 1층에는
산호가 살아요

바다 아파트 2층에는
물고기가 살아요

바다 아파트 3층엔
플라스틱이 이사 왔어요

이사 온 지
얼마 안 되었는데

그물에 실려
또 이사 갔어요

이번에는
좋은 곳으로
갔으면 좋겠어요

동시 해설

「바다 아파트」는 바닷속 생태계의 모습을 아파트라는 익숙한 공간에 빗대어, 자연과 인간의 흔적이 공존하는 풍경을 어린이의 시선으로 섬세하게 그려낸 동시입니다.

'이사 왔다'는 표현은 쓰레기 투기를 우회적으로 표현한 유머이자 풍자이며 아이들이 부담 없이 환경 문제에 관심을 가질 수 있도록 도와줍니다. 하지만 이 플라스틱은 오래 머무르지 않고, '그물에 실려 또 이사' 갑니다.

이 동시는 무겁지 않게, 동시에 가볍지 않게 환경의 문제와 인간의 책임과 관심을 이끌어 주는 작품입니다. 아이들은 이 시를 통해 바다를 하나의 집처럼 느끼게 되고, 그 안에 사는 존재들을 이웃처럼 바라보게 될 것입니다.

수업에서는 플라스틱의 마음을 상상하여 감정 그래프를 그려보고, 그 변화에 대해 말로 표현하는 활동을 통해 시의 메시지를 자연스럽게 내면화할 수 있습니다.

수업 활용

교과 탐험 1-1 26-27쪽

성취기준 [2바02-04] 새로운 활동에 호기심을 갖고 도전한다.

사회 정서 역량

영역	자기		관계		공동체	마음건강
핵심역량	자기 인식	자기 관리	관계 인식	관계 관리	공동체 가치의 인식 및 관리	정신건강 인식 및 관리
본 활동					✓	

수업 활동

교사: 얘들아, 우리가 방금 읽은 시 「바다 아파트」 기억나죠?

학생: 네! 1층엔 산호, 2층엔 물고기, 3층엔 플라스틱이 살았어요.

교사: 맞아요. 오늘은 시에 등장하는 플라스틱의 마음을 상상해서 감정 그래프를 그려볼 거예요.

학생: 감정 그래프요?

교사: 선생님이 나누어 준 학습지를 보세요. 가운데가 0점, 그 위로 올라갈수록 기쁜 마음, 아래로 내려갈수록 슬픈 마음이에요.

학생: 처음엔 조금 기쁘게 시작할 수도 있어요. 바다에 이사 왔으니까.

교사: 그렇죠. 바다가 처음엔 새롭고 신기하게 느껴졌을 수도 있어요. 그럼, 그래프를 조금 위쪽에서 시작해 볼 수 있겠네요.

학생: 그런데 환영받지 못해서 점점 외롭고 슬펐을 것 같아요.

교사: 그 감정은 그래프에 점점 아래로 내려가게 표현해 볼 수도 있겠네요.

학생: 마지막엔 그물에 실려 가니까 무섭고 불안했을 것 같아요. 더 아래로 내려가요.

교사: 그다음엔 어떻게 되었을까요? 지금부터 각자 플라스틱의 감정 그래프로 그려봅시다. 그리고 곁에 짧은 설명도 적어보세요.

학생들: 네.

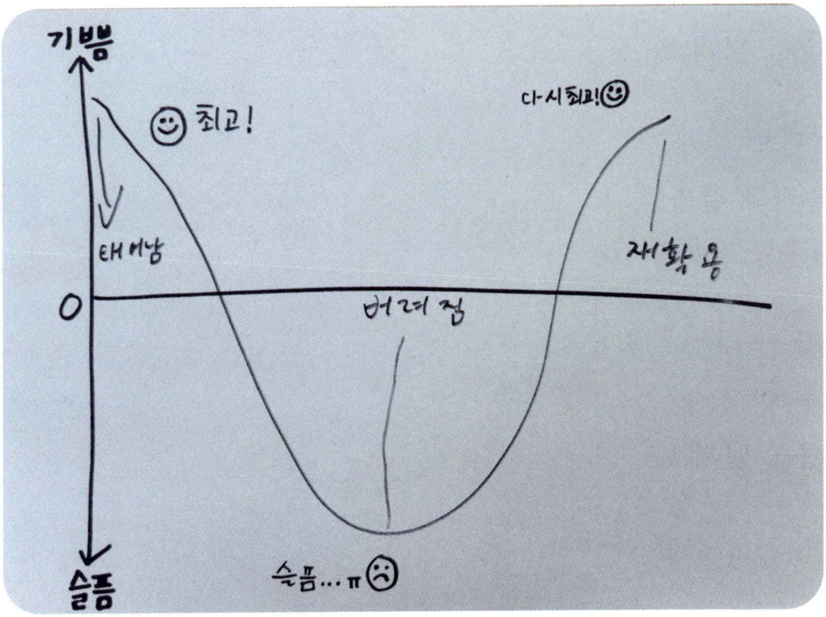

플라스틱 감정 변화 그래프 사진

탐험할 땐

탐험하고 싶을 땐
순서대로
질문을 던져 봐

"어디로 갈까?"
"뭘 타고 갈까?"
"누구랑 갈까?"

생각 안 나면
거꾸로
질문을 던져 봐

갈이 가고 싶은 사람이
떠오르면
어디든 가고 싶어질 거야

동시 해설

「탐험할 땐」은 탐험을 준비할 때 어떤 질문을 먼저 던지는 것이 좋은지에 대해 생각하게 합니다. 시는 '어디로 갈까?', '무엇을 타고 갈까?', '누구랑 갈까?'라는 익숙한 질문을 차례로 제시한 뒤, 마지막에는 그 순서를 거꾸로 바꾸어 보라고 말하며 독자의 사고를 전환시킵니다.

이 전환은 단순한 순서 바꾸기가 아니라, 가장 본질적인 질문이 무엇인지를 되묻는 장치로, '누구와 함께할 것인가'를 먼저 생각하는 것이 탐험의 진짜 출발점이라는 시인의 관점이 담겨 있습니다.

수업에서는 동요 '우주 탐험가'를 듣고 각자 상상한 장면을 이야기하거나 책상 위에서 몸으로 표현해 보는 활동을 할 수 있습니다. 이를 통해 탐험의 의미를 감정과 관계 중심으로 되새길 수 있습니다.

수업 활용

교과 탐험 1-1 28-29쪽

성취기준 [2바02-04] 새로운 활동에 호기심을 갖고 도전한다.

사회 정서 역량

영역	자기		관계		공동체	마음건강
핵심역량	자기 인식	자기 관리	관계 인식	관계 관리	공동체 가치의 인식 및 관리	정신건강 인식 및 관리
본 활동	✓				✓	

수업 활동

교사: 얘들아, 오늘은 신나는 음악 하나를 들려줄게요. 제목은 바로 '우주 탐험가'예요. 눈을 감고, 음악을 들으며 어떤 장면이 떠오르는지 상상해 보세요.

<우주 탐험가>

우주복을 입고 우주선을 타고
탐험을 떠나자 은하수 건너
정말 신나겠지 정말 재밌겠지
나는 나는 우주 탐험가
달나라 태양계 우주 끝까지
날아갈 수 있다면
정말 신나겠지 정말 재밌겠지
나는 나는 우주 탐험가
우주복을 입고 우주선을 타고
탐험을 떠나자 은하수 건너
정말 신나겠지 정말 재밌겠지
나는 나는 우주 탐험가

달나라 태양계 우주 끝까지
날아갈 수 있다면
정말 신나겠지 정말 재밌겠지
나는 나는 우주 탐험가

교사: 어땠어요? 어떤 장면이 떠올랐나요?

학생 1: 저는 우주선이 반짝이는 별 사이를 날아가는 게 보였어요!

학생 2: 저는 외계인과 친구가 돼서 같이 춤췄어요!

교사: 정말 멋진 상상이네요! 음악만 들어도 우리 마음속에 우주가 펼쳐지죠? 함께 영상을 보면서 책상춤을 배워봅시다.

학생: 네.

※ 우주 탐험가: 노래) 홍재근 작사/작곡, 책상춤) https://www.youtube.com/watch?v=4LJeSJZBAjY&list=RD4LJeSJZBAjY&start_radio=1

탐험복

이 탐험복은
바닷속 세상에서
가져온
예쁜 조개 가득

이 탐험복은
얼음 나라에서
가져온
차가운 얼음 반짝

그런데
이 우주 탐험복은
아직 아무것도 없어요

당신이 가져온
무언가가 있다면
예쁘게 붙여 줄게요

동시 해설

「탐험복」은 아이가 상상으로 만들어 낸 '탐험복'을 통해 타인과 상상력을 나누고 싶은 마음을 표현한 동시입니다. 시 속 탐험복은 바닷속 조개와 얼음 나라의 얼음으로 꾸며져 있지만, 우주 탐험복만은 아직 비어 있습니다. 그 비어 있는 공간은 단순히 미완성의 의미가 아니라, 읽는 이가 참여할 수 있는 자리를 남겨둔 열린 상상이며 이는 '당신도 상상해 보세요. 그리고 그것을 저에게 주세요.'라는 따뜻한 제안이기도 합니다.

이 동시는 아이들에게 '상상은 나 혼자만의 것이 아니라 함께 채워가는 것'이라는 감각을 심어주고, 나와 다른 사람의 생각을 소중히 여기는 태도를 기를 수 있도록 돕습니다.

수업에서는 아이들이 자신의 감정을 '탐험복'의 장식으로 표현하고 발표하는 활동을 통해 감정을 시각화하고 나누는 경험을 할 수 있습니다. 이를 통해 아이들은 상상력을 표현하는 즐거움과 함께, 친구들과 감정을 나누고 공감하는 따뜻한 교실 문화를 만들어 갈 수 있습니다.

수업 활용

교과 탐험 1-1 30-31쪽

성취기준 [2즐02-04] 다양한 세상을 상상하고 표현한다.

사회 정서 역량

영역	자기		관계		공동체	마음건강
핵심역량	자기 인식	자기 관리	관계 인식	관계 관리	공동체 가치의 인식 및 관리	정신건강 인식 및 관리
본 활동	✓				✓	

수업 활동

교사: 얘들아, 오늘은 우리가 우주 탐험을 떠난다고 생각하고, 탐험복에 감정 액세서리로 꾸미는 활동을 할 거예요.

학생: 감정 액세서리요?

교사: 맞아요! 우주 탐험을 할 때는 어떤 감정이 있으면 좋을까요?

학생: '용감하다' / '차분하다'

교사: 잘 골랐습니다. 그러면 그 감정을 탐험복 그림에 써주세요. 그리고 그것을 액세서리처럼 꾸며주세요.

학생: (탐험복 꾸미기 활동)

교사: 자, 이제 각자 꾸민 탐험복을 발표해 봅시다. 어떤 감정을 골랐고, 왜 그 감정을 골랐는지 이유도 설명해 주세요.

학생 1: 저는 '재미있다'라는 감정을 골랐습니다. 우주에 갈 때는 재미있다는 감정을 가지고 가야 힘들어도 참을 수 있을 것 같기 때문입니다.

학생 2: 저는 '감사하다'라는 감정을 골랐습니다. 아무나 우주에 갈 수 있는 것이 아니기 때문에 감사하다는 마음을 가지고 출발하고 싶습니다.

교사: 모두 좋은 생각입니다. 여러분의 결과물을 교실 뒤에 게시할게요. 친구의 탐험복이 얼마나 멋진지 감상해 보세요.

학생: 네.

탐험복 그림

쿵쿵

심장이 쿵쿵 뛴다

쿵,
첫소리는
걱정의 소리

쿵,
뒷소리는
기대의 소리

오늘도
내 심장은
사이 좋게
쿵, 쿵

동시 해설

「쿵쿵」은 가슴이 두근거리는 순간에 깃든 복잡한 감정 '걱정'과 '기대'를 간결한 언어로 표현한 동시입니다. '쿵, / 첫소리는 / 걱정의 소리', '쿵, / 뒷소리는 / 기대의 소리'라는 대조적인 구절을 통해, 아이가 느끼는 두 감정이 마치 리듬처럼 나란히 함께 있다는 것을 보여줍니다.

특히 마지막 연 '사이 좋게 / 쿵, 쿵'에서는, 서로 다른 감정이 충돌하지 않고 조화롭게 공존할 수 있다는 메시지를 따뜻하게 전합니다.

이 시는 아이들에게 '마음에 여러 감정이 함께 살아가는 것이 자연스럽다'라는 감정 수용의 경험을 선물하며 두 감정이 함께 있어도 괜찮다는 안정감을 줍니다.

수업에서는 아이들이 자신의 '쿵쿵' 경험을 떠올리며, 걱정과 기대가 함께 했던 순간을 글이나 그림으로 표현해 보고, 짝과 함께 감정을 나누는 활동으로 확장할 수 있습니다. 이를 통해 아이들은 감정 인식과 공감 능력을 기르고, 마음을 나누는 대화의 따뜻함을 경험하게 됩니다.

수업 활용

교과 탐험 1-1 34-35쪽

성취기준 [2즐02-04] 다양한 세상을 상상하고 표현한다.

사회 정서 역량

영역	자기		관계		공동체	마음건강
핵심역량	자기 인식	자기 관리	관계 인식	관계 관리	공동체 가치의 인식 및 관리	정신건강 인식 및 관리
본 활동	✓				✓	

수업 활동

교사: 얘들아, 「쿵쿵」이라는 시에는 어떤 감정이 숨어 있나요?

학생: 걱정하는 마음과 기대하는 마음이 모두 숨어 있습니다.

교사: 맞아요. 오늘은 '서로 다른 감정이 한 번에 들었던 순간'을 이야기해 보는 시간을 가져볼 거예요. 혹시 그런 경험이 있는 친구 있을까요?

학생 1: 저는 전학 첫날이요. 기대도 되고, 걱정도 됐어요. 새로운 친구들을 만나는 게 설레는데, 혹시 친구가 안 생길까 봐 걱정하는 마음도 있었어요.

학생 2: 나도 그래요! 발표하기 전에요. '하고 싶다'는 마음이랑 '틀리면 어쩌지' 하는 불안한 마음이 같이 있었어요.

교사: 그래요. 이렇게 두 가지 감정이 함께 드는 건 아주 자연스러운 일이에요. 감정은 우리 마음 속에서 함께 살아가는 친구들 같아요. 그 감정을 억지로 없애려고 하지 않아도 괜찮아요.

학생: 선생님은 그런 적 있으세요?

교사: 선생님도 있어요. 여러분 앞에서 새로운 수업을 시작할 때, 설레는 마음과 불안한 마음이 동시에 들어요. 그러면 지금부터 쪽지를 반으로 접어서 동시에 들었던 두 마음을 쓰고, 짝과 그 상황에 대한 이야기를 나누어 봅시다.

학생: 네.

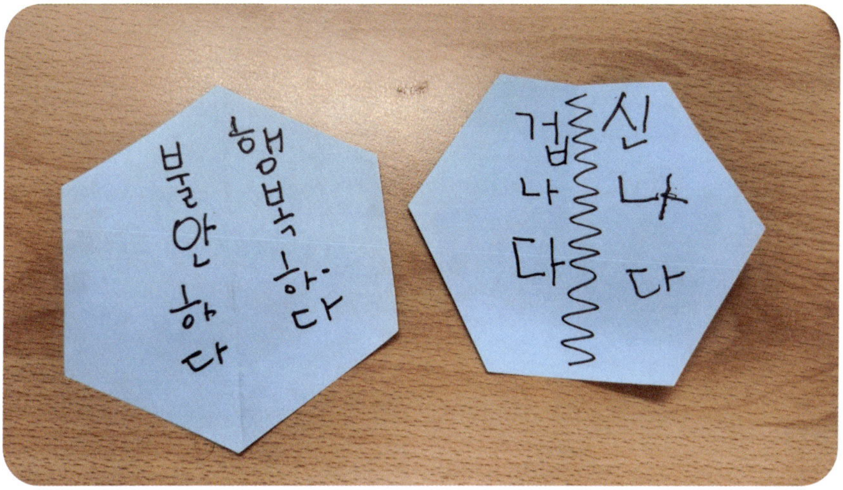

감정 짝꿍 지어보기 활동

기지가 필요해

집에서
내 기지는
장롱 속
구석 자리

학교에서
내 기지는
도서관
구석 자리

안전한
나만의
기지 속에서

나는
두 배로
쑥쑥 커

동시 해설

「기지가 필요해」는 아이 스스로 발견한 안전한 공간을 '기지'라는 말로 표현한 동시입니다. '장롱 속 구석 자리', '도서관 구석 자리'처럼 작고 조용한 장소가 시 속 화자에게는 쉼과 안정의 공간이 됩니다. 그 공간에서는 누구의 방해도 없이 마음껏 상상하고, 생각하고, 자신만의 속도로 자라날 수 있습니다. '나는 / 두 배로 / 쑥쑥 커'는 이런 공간이 단지 숨어 있는 곳이 아니라, 나를 성장하게 만드는 소중한 자리임을 말해줍니다.

이 시는 혼자만의 시간을 갖고 싶은 마음을 존중하고 조용한 공간이 아이에게 회복과 성장을 선물한다는 메시지를 따뜻하게 전합니다.

수업에서는 아이들이 각자의 마음속 기지를 떠올려 보고 그곳에서 느끼는 감정이나 편안함을 몸과 마음으로 표현하는 활동으로 연결할 수 있습니다. 이런 활동은 자기 인식과 감정 조절 능력을 키우는 데 도움이 됩니다.

수업 활용

교과 탐험 1-1 38-39쪽

성취기준 [2슬02-04] 궁금한 세계를 다양한 매체로 탐색한다.

사회 정서 역량

영역	자기		관계		공동체	마음건강
핵심역량	자기 인식	자기 관리	관계 인식	관계 관리	공동체 가치의 인식 및 관리	정신건강 인식 및 관리
본 활동	✓	✓				

수업 활동

교사: 얘들아, 우리 마음도 때로는 쉴 수 있는 기지가 필요해요. 바쁘고 복잡한 하루 속에서 잠깐 머무를 수 있는, 나만의 안전한 곳이 있나요?

학생: 네. / 아니요.

교사: 지금부터 눈을 감고 내가 가고 싶은 안전한 공간을 생각해 보세요. 각자 마음속 기지를 떠올리면서 숨을 천천히 쉬는 연습을 해볼게요.

<안전 명상>

① 눈을 가볍게 감고, 몸에 힘을 툭 빼고 앉는다.

② 4초 동안 조용히 숨을 들이마신다.

③ 2초 동안 그 공간을 생각한다.

④ 4초 동안 조용히 숨을 내쉰다.

⑤ 10회 반복한 후 나비포옹*하면서 '괜찮아, 너는 안전해.'라고 스스로 말해준다.

* 나비포옹: 양팔을 가슴 앞에서 X자 모양으로 교차하고, 두 손을 가볍게 두드리며 나를 위로하는 포옹법을 말한다.

교사: 자, 눈을 천천히 뜨고, 이제 내 마음이 조금 더 편안해졌는지 느껴보세요. 마음이 복잡하거나 힘들 땐, 언제든 그 기지를 다시 떠올리며 숨을 쉬는 것만으로도 마음에 새로운 힘이 생긴답니다.

학생: 네.

따라 하지 마

"안녕?"
"안녕?"

"누구세요?"
"누구세요?"

"따라 하지 마!"
"따라 하지 마!"

"이거 먹을래?"
"응."

동시 해설

「따라 하지마」는 우연히 외계인을 만났을 때 벌어질 수 있는 낯설고도 웃긴 상황을 상상한 동시입니다. '이거 먹을래? / 응.'은 예상 밖의 반응으로, 긴장이 풀리고 웃음이 터지는 반전을 만들어 냅니다.

이 시는 말이 통하지 않는 존재와의 만남에서 감정이 어떻게 변화하는지를 짧고 재치 있게 그려내며, 낯선 존재를 이해하고 받아들이는 마음의 전환을 보여 줍니다. 아이들은 이 시를 통해 처음에는 서툴고 불편해도 서로 다름을 인정하고 마음을 나누는 순간 진짜 관계가 시작될 수 있다는 것을 깨닫게 됩니다.

수업에서는 '외계인 역할극'을 통해 몸짓, 표정, 상상 언어로 소통해 보는 경험을 하며 다름을 받아들이는 공감 능력과 표현력을 기를 수 있습니다.

수업 활용

교과 탐험 1-1 40-41쪽

성취기준 [2즐02-04] 다양한 세상을 상상하고 표현한다.

사회 정서 역량

영역	자기		관계		공동체	마음건강
핵심역량	자기 인식	자기 관리	관계 인식	관계 관리	공동체 가치의 인식 및 관리	정신건강 인식 및 관리
본 활동			✓	✓		

수업 활동

교사: 얘들아, 오늘은 재미있는 역할극 활동을 해볼 거예요. 바로 '외계인과의 만남'이에요! 만약 진짜로 외계인을 만나게 된다면 어떤 일이 벌어질까요?

학생 1: 저는 너무 놀라서 숨을 못 쉴 것 같아요!

학생 2: 저는 말 걸어볼래요.

교사: 정말 좋아요. 오늘은 한 명은 지구인 역할, 한 명은 외계인 역할을 맡아서 처음 만났을 때의 상황을 상상해서 짧은 연극을 만들어 볼 거예요.

학생 1: 외계인은 어떻게 말해요?

교사: 말이 안 통해도 돼요! 몸짓, 그림, 이상한 말, 소리로 표현해도 재미있어요.

학생 2: 저는 지구인인데, ○○가 외계인이에요!

교사: 좋아요. 그럼 ○○는 어떤 외계인인지 상상해 볼까요? 생김새는? 성격은? 둘이 만난 장소는?

학생 1: 저는 외계인입니다. 초록색이고, 지구의 음악을 배우러 왔어요!

학생 2: 저는 지구인입니다. 그 외계인한테 학교를 구경시켜 줄래요!

교사: 너무 좋아요! 그럼 여러분이 만든 이야기를 짧게 세 장면으로 나누어서 몸과 말로 표현해 보세요.

<장면 제시하기>

① 만나는 장면

② 처음 대화해 보는 장면

③ 헤어지는 장면

학생: 네.

얼음 나라 시장

얼음 나라 시장에는
어떤 물건이
가장 잘 팔릴까?

얼음 과자?
얼음 옷?
얼음 자동차?

아니, 아니!
따뜻한 얼음!

동시 해설

「얼음 나라 시장」은 상상 속 '얼음 나라'를 배경으로, 어떤 물건이 가장 인기 있을지를 유쾌하게 질문하며 시작하는 동시입니다. 모두가 얼음으로 가득한 세상에서 진짜 필요한 것은 그 반대인 '따뜻함'이라는 발상이, 짧은 시 안에 반전과 여운을 남깁니다.

이 시는 아이들이 당연하다고 여기는 생각을 한번 뒤집어 보고, '필요한 것'은 언제나 눈에 보이는 것과 같지 않을 수 있다는 점을 자연스럽게 깨닫게 해줍니다. 익숙한 것을 다르게 바라보는 상상력, 반대 개념을 융합해 새로운 생각을 만드는 창의력을 기르기에 좋은 작품입니다.

수업에서는 '반대말을 섞어 새로운 발명품 만들기' 활동으로 확장하여, 창의적 사고와 표현력을 키우는 데 활용할 수 있습니다. 아이들은 '가벼운 돌', '시끄러운 조용함' 같은 새로운 조합을 떠올리며 자유롭게 상상의 세계를 탐색하고 생각을 말로 표현하는 즐거움을 경험하게 됩니다.

수업 활용

교과 탐험 1-1 42-43쪽

성취기준 [2즐02-04] 다양한 세상을 상상하고 표현한다.

사회 정서 역량

영역	자기		관계		공동체	마음건강
핵심역량	자기 인식	자기 관리	관계 인식	관계 관리	공동체 가치의 인식 및 관리	정신건강 인식 및 관리
본 활동	✓	✓				

수업 활동

교사: 얼음 나라에서는 왜 따뜻한 얼음이 제일 인기가 많을까요?

학생: 아무도 생각하지 못한 것이라서 그런 것 같아요.

교사: 그럼 우리도 아무도 생각하지 못한 것을 생각해 볼까요?

학생: 어려울 것 같아요.

교사: 그렇지 않아요. 서로 반대되는 두 가지를 합쳐서 새로운 물건이나 생각으로 만들어 보겠습니다.

<반대 개념 제시하기>

① 낮 ↔ 밤

② 조용함 ↔ 시끄러움

③ 무거움 ↔ 가벼움

④ 차가움 ↔ 따뜻함

학생 1: 어두운 빛.

학생 2: 가벼운 돌.

교사: 정말 좋은 아이디어네요! 그러면 지금 떠올린 물건들이 어디에 쓰일지 한번 발표해 봅시다.

학생 1: 저는 아무도 몰래 도망갈 때 '어두운 빛'이 필요할 것 같습니다.

학생 2: 저는 우주에 갈 때 가벼운 돌이 필요할 것 같습니다. 외계인을 만나면 선물로 주고 싶어요.

교사: 정말 좋은 생각입니다.

1학년 모여라! 동시 놀이터

5장

하루

생일

오늘은
내 생일이야

아침부터 미역국을 먹고
케이크에 초를 꽂고
후 불어

선물도
축하도
가득 받았지

행복한 하루를
보내고
잠자리에 누우면

엄마를
꼭 안아줘야 해

오늘은
엄마가 내게 준
선물이니까

동시 해설

「생일」은 생일을 맞은 아이가 하루 동안 느끼는 기쁨과 감사의 마음을 담은 동시입니다. 아침에 미역국을 먹고, 케이크에 초를 꽂아 불고, 선물과 축하를 받는 과정이 짧고 단순한 문장으로 표현되어 있어, 1학년 아이들이 쉽게 읽고 공감할 수 있습니다.

특히 마지막 연에서는 생일이 '내가 기쁜 날'을 넘어 '엄마가 나에게 생명을 준 날'이라는 의미로 확장되며, 따뜻한 여운을 남깁니다.

아이들은 이 동시를 통해 '생일은 누구에게 감사해야 하는 날일까?'라는 질문을 자연스럽게 떠올리며, 자신이 받은 사랑을 되돌아 볼 수 있습니다.

수업에서는 감정 무드미터를 활용하여 생일에 느끼고 싶은 감정을 선택하고 그 감정을 '감정 케이크'로 꾸며보는 활동을 할 수 있습니다. 자신의 감정을 인식하고 친구와 공감하는 활동을 통해 생일의 의미를 더욱 따뜻하게 이해하게 됩니다.

수업 활용

교과 하루 1-2 20-21쪽

성취기준 [2바03-01] 하루의 가치를 느끼며 지금을 소중히 여긴다.

사회 정서 역량

영역	자기		관계		공동체	마음건강
핵심역량	자기 인식	자기 관리	관계 인식	관계 관리	공동체 가치의 인식 및 관리	정신건강 인식 및 관리
본 활동	✓			✓		

수업 활동

교사: 얘들아, 생일은 어떤 날일까요?

학생 1: 축하받는 날이요!

학생 2: 선물도 받고, 케이크도 먹는 날이요!

교사: 맞아요. 생일은 나를 특별하게 느끼는 날이죠. 오늘은 생일에 여러분이 느끼고 싶은 감정 세 가지를 골라서 삼단 감정 케이크를 꾸며볼 거예요.

<활동 순서>

① 감정 무드미터에서 내가 생일에 느끼고 싶은 감정을 세 가지 선택한다.

② 그 감정을 선택한 이유를 생각한다.

③ 감정 케이크를 꾸미고, 감정을 선택한 이유를 발표한다.

교사: ○○이의 감정 케이크를 함께 살펴봅시다.

학생: 저는 '신나다', '편안하다', '고맙다'를 선택했습니다.

교사: 우리가 ○○이를 신나게 해주려면 어떤 행동을 하면 될까요?

학생: 생일을 기억해 주고, 아침에 축하 인사를 해줍니다.

교사: 우리가 ○○이를 편안하게 해주려면 어떤 행동을 하면 될까요?

학생: ○○가 힘들어할 때 도와줍니다.

교사: 우리가 ○○이가 고맙다는 감정을 느끼게 해주려면 어떤 행동을 하면 될까요?

학생: ○○에게 선물을 줍니다.

교사: ○○이가 생일에 그 감정을 느낄 수 있도록 우리가 함께 실천해 봅시다.

학생: 네.

삼단 감정 케이크 그림

토마토

할아버지 텃밭에
토마토 다섯 알

아침에는
분홍색

점심에는
빨간색

저녁에는
팥죽색

자꾸 옷을 바꿔 입어
못 따 먹겠다

동시 해설

「토마토」는 하루의 시간에 따라 색이 달라 보이는 토마토를 섬세하게 관찰한 동시입니다. 아침에는 분홍빛, 점심에는 빨간빛, 저녁에는 팥죽빛으로 변하는 모습을 '자꾸 옷을 바꿔 입는다'라고 표현하며, 마치 토마토가 살아 있는 존재처럼 느껴지게 합니다.

이러한 표현은 자연을 단순히 보는 것을 넘어 감정과 상상력을 담아 바라보는 어린이의 시선을 잘 드러냅니다. 특히 '못 따 먹겠다'라는 마지막 문장은 웃음을 자아내면서도 자연의 변화에 대한 경이로움을 담고 있어 아이들에게 깊은 여운을 남깁니다. 아이들은 이 시를 통해 자연의 미묘한 변화를 감지하고 사물에 감정을 투영해 보는 상상력과 관찰력을 기를 수 있습니다.

수업에서는 '감정도 색과 크기가 달라질 수 있다'는 점을 연결하여 감정의 다양한 모습을 토마토의 변화에 빗대어 표현하는 활동으로 확장할 수 있습니다. 이를 통해 학생들은 자신의 감정을 더 섬세하게 이해하고 표현하는 방법을 배울 수 있습니다.

수업 활용

교과 하루 1-2 22-23쪽

성취기준 [2슬03-01] 하루의 변화와 사람들이 하루를 살아가는 모습을 탐색한다.

사회 정서 역량

영역	자기		관계		공동체	마음건강
핵심역량	자기 인식	자기 관리	관계 인식	관계 관리	공동체 가치의 인식 및 관리	정신건강 인식 및 관리
본 활동	✓	✓				

수업 활동

교사: 얘들아, '기쁨'이라는 감정은 모두 같은 색일까요?

학생 1: 노란색 같아요!

학생 2: 저는 분홍색이 생각나요!

교사: 맞아요. 어떤 사람에겐 기쁨이 반짝이는 노란색, 어떤 사람에겐 따뜻한 분홍색, 어떤 날엔 활짝 웃는 주황색일 수도 있어요. 또, 같은 감정이어도 크기가 다를 수 있어요.

학생 1: 감정도 크기가 달라요?

교사: 그렇죠! 예를 들어, ○○가 "고마워!" 하고 말해줬을 땐 작은 기쁨일 수 있고, 친구들이 깜짝 생일파티 해줬을 땐 큰 기쁨일 수 있겠죠?

학생 2: 와~ 그럼 같은 '기쁨'도 크고 작고, 진하고 연할 수 있네요.

교사: 바로 그거예요! 오늘은 그걸 '감정 토마토'로 표현해 볼 거예요. 토마토 열매가 처음에는 초록색이었다가 노란빛을 띠었다가 점점 빨개지는 것처럼 감정도 색과 크기가 점점 변화한답니다.

<감정 토마토 그리기 활동>

① 한 가지 감정을 선택한다. 감정의 기본 색을 선택한다.

② 그 감정의 크기를 세 단계로 구분한다.

③ 감정의 크기가 다른 상황들을 떠올린다.

④ 감정의 색과 크기를 구분해서 감정 토마토를 그려본다.

교사: 지금부터 감정 하나를 고르고, 그 감정의 색과 크기를 바꿔서 감정 토마토 여러 개를 그려보세요.

학생: 네.

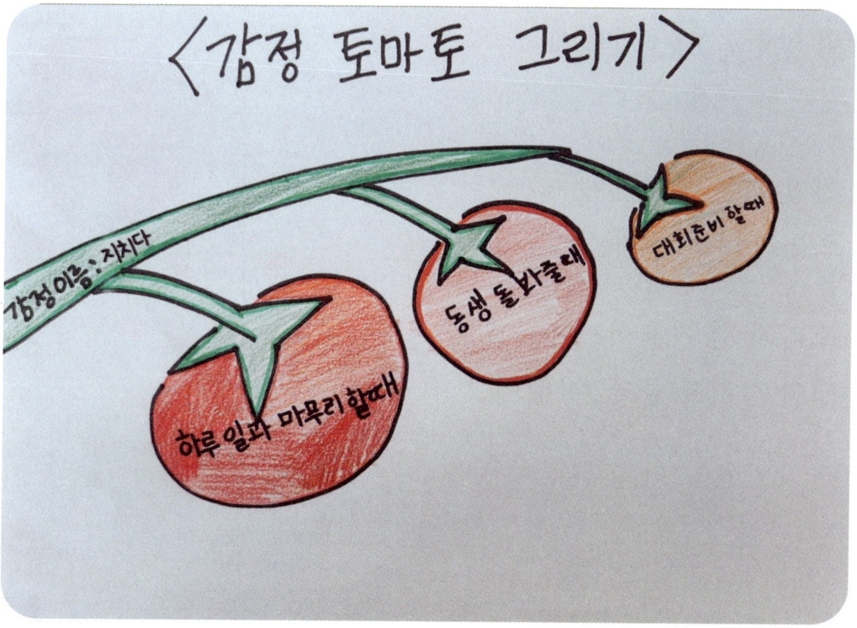

감정 토마토 그리기

달팽이 소리

비가 오면
달팽이는 바빠

신호등 무시하는 사람들에게
- 잠깐만 기다려요

빨리 달리는 자동차에게
- 천천히 가요

학원만 가는 아이에게
- 오늘은 나랑 놀자

빗소리에 귀 기울이면
달팽이 소리도 들을 수 있어

동시 해설

「달팽이 소리」는 비 오는 날 달팽이가 세상에 들려주는 조용한 목소리를 상상한 동시입니다. 느릿느릿 움직이는 달팽이는 평소에는 눈에 잘 띄지 않지만, 시인은 그 속도와 고요함 속에서 의미 있는 메시지를 발견합니다. '신호등 무시하는 사람들', '빨리 달리는 자동차', '학원만 가는 아이' 등 바쁘고 빠르게만 돌아가는 세상 속에서 달팽이는 '잠깐만 기다려요', '천천히 가요', '오늘은 나랑 놀자'라고 조용히 속삭입니다. 특히 마지막 연 '빗소리에 귀 기울이면 / 달팽이 소리도 들을 수 있어'라는 자연의 소리뿐 아니라 작고 느린 존재의 말에도 귀 기울여야 한다는 따뜻한 메시지를 전합니다.

아이들은 이 시를 통해 느린 삶의 가치, 작은 생명에 대한 존중, 그리고 공감의 마음을 자연스럽게 배울 수 있습니다.

수업에서는 음악이나 움직임 활동과 함께 달팽이의 하루를 상상하고 표현하면서 느림 속의 즐거움과 의미를 발견하는 시간을 가질 수 있습니다.

수업 활용

교과 하루 1-2 24-25쪽

성취기준 [2바03-01] 하루의 변화와 사람들이 하루를 살아가는 모습을 탐색한다.

사회 정서 역량

영역	자기		관계		공동체	마음건강
핵심역량	자기 인식	자기 관리	관계 인식	관계 관리	공동체 가치의 인식 및 관리	정신건강 인식 및 관리
본 활동	✓	✓				

수업 활동

교사: 얘들아, 오늘은 신나는 음악 하나를 들려줄게요. 제목은 바로 '달팽이의 하루'예요. 눈을 감고, 음악을 들으며 어떤 장면이 떠오르는지 상상해 보세요.

<달팽이의 하루>

보슬보슬 비가 와요
하늘에서 비가 내려요
달팽이는 비 오는 날 제일 좋아해
빗방울과 친구 되어
풀잎 미끄럼을 타 볼까
마음은 신나서 달려가는데
가도 가도 끝이 없는 길
야호 마음은 바쁘지만 느릿느릿 달팽이
어느새 비 그치고 해가 반짝
아직도 한 뼘을 못 갔구나
보슬보슬 비가 와요
하늘에서 비가 내려요

달팽이는 비 오는 날 제일 좋아해
빗방울과 친구 되어 풀잎 미끄럼을 타 볼까
마음은 신나서 달려가는데
가도 가도 끝이 없는 길
야호 마음은 바쁘지만 느릿느릿 달팽이
어느새 비 그치고 해가 반짝
아직도 한 뼘을 못 갔구나
조그만 달팽이의 하루

교사: 어땠어요? 어떤 장면이 떠올랐나요?

학생 1: 저는 달팽이가 풀잎 위에서 미끄럼을 타는 게 떠올랐어요.

학생 2: 저는 달팽이가 작은 우산을 쓰고 기분 좋게 걷는 장면이 떠올랐어요.

교사: 정말 멋진 상상이네요! 음악만 들어도 비오는 날 달팽이를 만나러 가고 싶어지죠? 함께 영상을 보면서 책상춤을 배워봅시다.

학생: 네.

※ 달팽이의 하루: 노래) 조원경 작사, 김진성 작곡, 책상춤) https://www.youtube.com/watch?v=K2nf6BI9VGI&list=RDK2nf6BI9VGI&start_radio=1

나도

줄넘기야
줄넘기야

홀쭉한
줄넘기야

너를
자꾸 넘으면

나도
홀쭉해질까?

나도
날씬해질까?

동시 해설

「나도」는 줄넘기의 가늘고 홀쭉한 모습을 보며, 줄넘기를 많이 하면 자신도 그렇게 될 수 있을까 상상하는 아이의 바람을 담은 동시입니다. '줄넘기야, 줄넘기야'처럼 반복되는 말놀이와 짧은 문장 구조는 아이들에게 운율감과 재미를 주며 쉽게 따라 읽을 수 있게 해줍니다.

특히 '너를 자꾸 넘으면 나도 홀쭉해질까?'라는 질문은 줄넘기에게 말을 거는 듯한 형식으로, 몸의 변화를 기대하는 아이의 솔직한 마음을 표현하고 있습니다.

이 동시는 '운동을 하면 왜 몸이 달라질까?'라는 질문을 던지며 아이들이 스스로 건강한 습관에 대해 생각해 보게 합니다.

수업 시간에는 줄넘기 활동과 연계하여 목표 설정, 응원, 협력 등의 역량도 함께 기를 수 있는 좋은 자료가 됩니다.

수업 활용

교과 하루 1-2 26-27쪽

성취기준 [2즐03-01] 하루를 건강하고 활기차게 지낸다.

사회 정서 역량

영역	자기		관계		공동체	마음건강
핵심역량	자기 인식	자기 관리	관계 인식	관계 관리	공동체 가치의 인식 및 관리	정신건강 인식 및 관리
본 활동		✓			✓	

수업 활동

교사: 얘들아, 오늘은 줄넘기를 하는 날이에요. 그런데 줄넘기를 하기 전에 우리가 먼저 해야 할 일이 있어요. 뭘까요?

학생: 줄넘기 연습이요?

교사: 연습도 중요하지만, 모두가 안전하고 즐겁게 줄넘기를 하기 위한 '우리 반 줄넘기 약속'을 먼저 정해보는 거예요.

교사: 자, 어떤 약속이 필요할까요?

학생 1: 줄넘기할 때 앞뒤 사람과 너무 가까이 안 서기!

학생 2: 친구가 줄넘기하다 실수해도 놀리지 않기!

학생 3: 줄넘기가 안 될 때는 "괜찮아, 다시 해보자." 하고 응원하기!

교사: 아주 멋진 약속들이네요. 지금부터는 각자 나만의 줄넘기 목표 한 가지를 정해서 줄넘기 봉투에 써봅시다.

학생: 네.

교사: 줄넘기 목표를 이루고 나면 어떤 감정이 생길까요?

학생: '벅차 오르다' / '재미있다'

교사: 우리 매일 열심히 실천해서 그 감정을 꼭 느껴봅시다.

학생: 네.

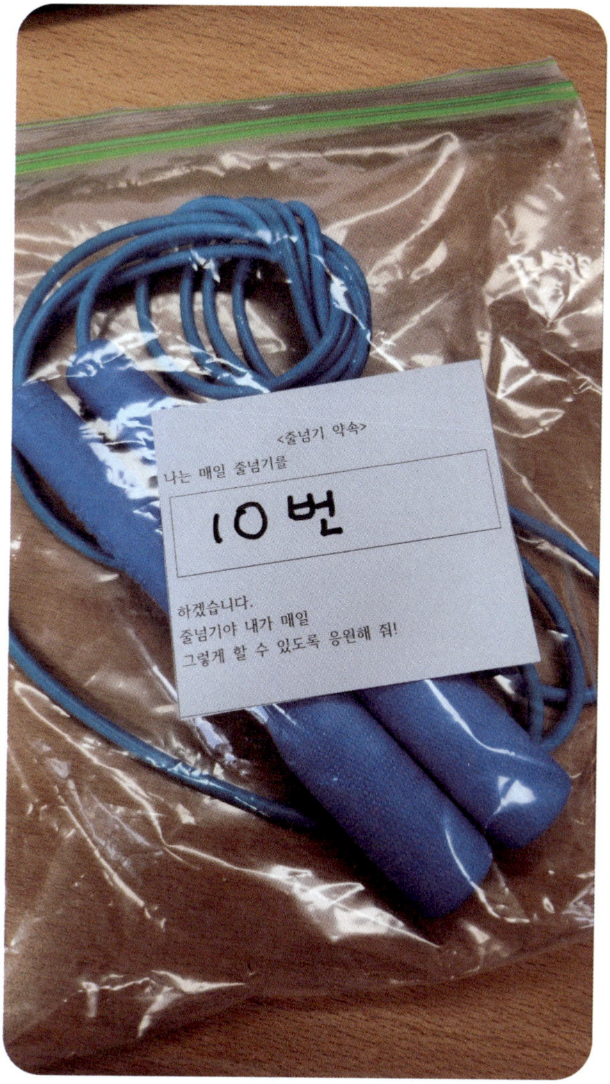

줄넘기 봉투

해님이 말했어

해님이 말했어
“일어나!”

해님이 말했어
“좋은 하루가 될 거야!”

해님이 말했어
“엄마 오기 전에 일어나는 게 좋을걸?”

“엄마” 소리에
나는
벌떡 일어났어

엄마는 아직 몰라
내가 어떻게
혼자 일어났는지

동시 해설

「해님이 말했어」는 해님이 아침마다 아이에게 말을 거는 듯한 상상으로 하루의 시작을 따뜻하게 그려낸 동시입니다.

'일어나!', '좋은 하루가 될 거야!', '엄마 오기 전에 일어나는 게 좋을걸?'이라는 말투는 해님이 친구처럼 다정하게 말을 건네는 느낌을 주며, 아이의 하루를 응원해 줍니다. 특히 '엄마는 아직 몰라 / 내가 어떻게 / 혼자 일어났는지'라는 마지막 연은 작은 행동 하나에도 자립심과 자긍심을 느끼는 아이의 마음을 섬세하게 담아내고 있습니다.

이 동시는 '누군가 알아주지 않아도, 나는 스스로 해냈어'라는 긍정적 감정을 길러주며 아이들이 자기 힘을 믿고 성장하도록 도와줍니다.

아이들과 함께 '해님은 왜 그런 말을 했을까?' 또는 '해님이 오늘 나에게 해줄 말은 뭘까?'라고 질문을 던진다면 자연스럽게 감정 표현과 자기 조절력을 키우는 활동으로 확장할 수 있습니다.

수업 활용

교과 하루 1-2 30-31쪽

성취기준 [2즐03-01] 하루를 건강하고 활기차게 지낸다.

사회 정서 역량

영역	자기		관계		공동체	마음건강
핵심역량	자기 인식	자기 관리	관계 인식	관계 관리	공동체 가치의 인식 및 관리	정신건강 인식 및 관리
본 활동		✓			✓	

수업 활동

교사: 얘들아, 오늘 아침에 스스로 일어난 친구 있어요?

학생 1: 저요! 엄마가 깨우기 전에 눈이 번쩍 떠졌어요.

학생 2: 저는 힘들었지만 스스로 일어나려고 애썼어요.

교사: 정말 멋져요! 그런 모습을 하늘에서 해님이 보고 있었다면, 해님은 어떤 기분이 들었을까요?

학생 1: 기특하다고 생각했을 것 같아요.

학생 2: 해님이 방긋 웃었을 것 같아요.

교사: 맞아요. 해님은 여러분이 스스로 일어나는 모습을 보며 자랑스럽고 뿌듯한 감정을 느꼈을 거예요. 해님의 감정을 감정 무드미터에서 골라본다면 어떤 감정일까요?

학생 1: '벅차오르다'

학생 2: '감격하다'

교사: 해님의 감정을 선택하고 그 표정을 그려봅시다.

학생: 네.

해님 표정 그리기

아홉 시에 뭐해

아빠는 아홉 시에 뭐해?
회의하지

엄마는 아홉 시에 뭐해?
가게 문 열지

구름이는 아홉 시에 뭐해?
내 신발 옆에
살짝 엎드려
낮잠 자지

동시 해설

「아홉 시에 뭐해」는 아빠, 엄마, 그리고 반려동물 구름이의 아침 9시 모습을 아이의 질문을 따라가며 들여다보는 동시입니다. '회의하지', '가게 문 열지', '낮잠 자지'처럼 간결하고 반복되는 문장은 일상의 리듬을 담고 있어 1~2학년 아이들이 말놀이처럼 쉽게 읽고 따라 말하기 좋습니다. 특히 마지막 연 '내 신발 옆에 / 살짝 엎드려 / 낮잠 자지'에서는 구름이가 단순히 자는 것이 아니라, 아이 곁에서 함께 머무는 존재라는 따뜻한 연결감이 드러납니다.

이 동시는 가족과 반려동물의 하루를 관찰하고 표현하는 활동으로 확장할 수 있으며, 아이들이 자신을 둘러싼 사람과 존재에 대한 감사를 기르는 데 도움을 줍니다.

수업에서는 '아홉 시에 뭐해요?'라는 질문을 주제로, 엄마·아빠·형제·할머니 등 가족 네 명의 아침 모습을 네 컷 그림으로 표현하는 활동을 진행할 수 있습니다.

수업 활용

교과 하루 1-2 32-33쪽

성취기준 [2슬03-01] 하루의 변화와 사람들이 하루를 살아가는 모습을 탐색한다.

사회 정서 역량

영역	자기		관계		공동체	마음건강
핵심역량	자기 인식	자기 관리	관계 인식	관계 관리	공동체 가치의 인식 및 관리	정신건강 인식 및 관리
본 활동		✓			✓	

수업 활동

교사: 우리가 1교시 시작할 때가 몇 시쯤일까?

학생: 아홉 시요.

교사: 맞아요. 그런데 우리 가족들은 아홉 시에 뭘 하고 있을까요?

학생 1: 엄마는 회사에서 컴퓨터 켜고 계실 것 같아요.

학생 2: 우리 할머니는 고구마를 쪄주고 계실 수도 있어요.

교사: 오늘은 '아홉 시에 뭐 해요?'라는 주제로 가족 네 명의 모습을 네 컷 그림으로 표현해 볼 거예요.

학생: 네 컷이면 한 사람씩 하나씩요?

교사: 맞아요. 첫 칸에는 엄마, 두 번째는 아빠, 세 번째는 동생이나 형, 네 번째는 할머니처럼 여러 가족 구성원의 아침 모습을 그려보는 거예요.

학생: 배경도 그려도 돼요?

교사: 물론이죠! 장소와 표정, 하고 있는 일을 잘 표현하면 더 좋아요. 그리고 아래에 짧은 말풍선도 넣어보세요.

학생: 네.

MEMO

아이스크림 밥

아이스크림이
밥이면 좋겠다

매일매일
달콤하고
시원한 하루가
펼쳐질 거야

아이스크림 밥
한 그릇 뚝딱!

아이스크림 밥
두 그릇 뚝딱!

상상만 해도
이가
간질간질

동시 해설

「아이스크림 밥」은 아이스크림이 밥이 되었으면 좋겠다는 발랄한 상상을 통해, 아이의 천진난만한 바람과 상상력을 맛있게 표현한 동시입니다. '한 그릇, 뚝딱!', '두 그릇, 뚝딱!'과 같은 반복적인 말놀이 구조는 저학년 아이들이 쉽게 따라 읽으며 리듬감을 즐길 수 있도록 도와주며, 마지막 연 '이가 / 간질간질'에서는 상상만으로도 몸이 반응하는 듯한 생생한 감각이 살아납니다.

이 동시는 아이들이 일상에서 좋아하는 것들에 대해 상상하고 이를 언어로 표현하는 즐거움을 자연스럽게 느낄 수 있도록 해줍니다.

수업에서는 '아이스크림'을 다른 음식이나 사물로 바꿔 자신만의 동시를 새롭게 창작해 보는 활동으로 확장할 수 있습니다. 이를 통해 아이들은 상상력과 언어 창의력을 발휘하며, '좋은 점 vs. 걱정되는 점'을 자연스럽게 떠올리며 감정의 균형 잡힌 표현도 함께 배울 수 있습니다.

수업 활용

교과 하루 1-2 34-35쪽

성취기준 [2즐03-01] 하루를 건강하고 활기차게 지낸다.

사회 정서 역량

영역	자기		관계		공동체	마음건강
핵심역량	자기 인식	자기 관리	관계 인식	관계 관리	공동체 가치의 인식 및 관리	정신건강 인식 및 관리
본 활동	✓	✓				

수업 활동

교사: 얘들아, 시에서 아이스크림이 밥이 되면 어떤 하루가 펼쳐진다고 했죠?

학생 1: 매일 달콤하고 시원한 하루요!

학생 2: 두 그릇이나 뚝딱 먹는다고 했어요!

교사: 그렇다면 정말 아이스크림이 밥이라면 어떨까요? 좋은 점도 있을 것 같고, 걱정되는 점도 있을 것 같아요.

학생 1: 저는 좋아요! 매일 아이스크림만 먹고 싶어요.

학생 2: 저는 이가 썩을 것 같아요. '간질간질'이라는 표현이 있잖아요.

교사: 맞아요. 기쁨과 걱정이 함께 있는 감정이 느껴지죠? 지금부터는 이 시의 '아이스크림' 부분을 바꾸어서 동시를 써봅시다.

학생: 네.

MEMO

일주일 무지개

월요일은 빨간색
화요일은 주황색
수요일은 노란색
목요일은 초록색
금요일은 파란색
토요일은 남색
일요일은 보라색

빨주노초파남보
일주일 무지개는
매주 똑같을 것 같지?

아니야
비가 내린
이번 주 무지개는
온통 파란색인 걸

파파파파파파파

동시 해설

「일주일 무지개」는 요일마다 색깔을 붙이며 일상을 색으로 바라보는 아이의 감각적인 언어 놀이에서 출발해, 마지막에는 일주일 내내 '파란색'으로 물든 감정을 시적으로 표현한 동시입니다.

'월요일은 빨간색'부터 '일요일은 보라색'까지 무지개색 순서를 리듬감 있게 배열하다가 '이번 주는 온통 파란색'이라는 반전으로 감정의 흐름을 강조하며 마무리됩니다.

'파파파파파파파'라는 반복 표현은 파도처럼 넘실대는 마음을 상징하고 '비가 내린 / 이번 주 무지개'라는 표현은 날씨와 감정을 연결하여 우울하거나 축 처진 기분을 간접적으로 전해줍니다.

이 동시는 감정을 색으로 표현하고 이해하는 데 도움을 줍니다. 아이들은 '요일마다 어떤 색이 떠오르니?', '오늘 마음의 색깔은 무슨 색일까?'라는 같은 질문을 통해 자신의 감정을 되돌아 보며 감정을 조절하고 표현하는 연습을 할 수 있습니다.

수업에서는 자신만의 감정 무지개를 만들고, 각 요일마다 느낀 감정에 어울리는 색을 선택하여 그림으로 표현해 보는 활동으로 확장할 수 있습니다.

수업 활용

교과 하루 1-2 38-39쪽

성취기준 [2바03-01] 하루의 가치를 느끼며 지금을 소중히 여긴다.

사회 정서 역량

영역	자기		관계		공동체	마음건강
핵심역량	자기 인식	자기 관리	관계 인식	관계 관리	공동체 가치의 인식 및 관리	정신건강 인식 및 관리
본 활동	✓	✓				

수업 활동

교사: 얘들아, 아까 읽은 시 「일주일 무지개」 기억나죠?

학생 1: 네! 월요일은 빨간색, 화요일은 주황색. 그렇게 나왔어요.

학생 2: 그런데 이번 주 무지개는 온통 파란색이래요.

교사: 맞아요. 왜 그랬을까?

학생 1: 비가 와서 그런 것 같아요.

학생 2: 마음이 슬퍼서 그런 것 같기도 해요.

교사: 아주 잘 봤어요. 시 속 무지개는 감정이 담긴 무지개였어요. 이번엔 여러분도 자신의 이번 주 감정 무지개를 그려볼 거예요.

교사: 자, 월요일부터 일요일까지 여러분이 느꼈던 감정을 색깔로 표현해 볼까요? 각 요일에 어울리는 감정을 떠올려 보고, 색을 정해보세요.

학생 1: 월요일은 피곤해서 회색이에요.

학생 2: 수요일은 친구랑 놀아서 노란색이에요.

교사: 정말 좋아요. 색은 정해진 게 없어요. 여러분만의 감정 색깔로 표현하면 돼요. 같은 기쁨이어도 어떤 친구는 분홍, 어떤 친구는 초록일 수 있어요. 다 그리고 나서 짝에게 왜 그 색깔을 선택했는지 설명해 주면 됩니다.

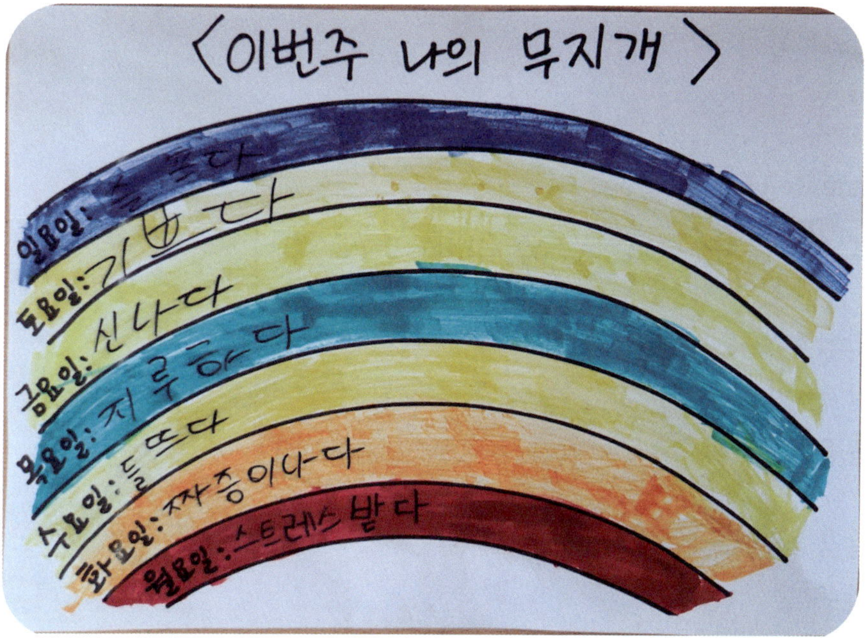
〈이번주 나의 무지개〉
일요일: 슬프다
토요일: 기쁘다
금요일: 신나다
목요일: 지루하다
수요일: 들뜨다
화요일: 짜증이나다
월요일: 스트레스 받다

이번 주 무지개 그리기

말똥말똥

잠이 안 와
눈만 말똥말똥

양 한 마리
양 두 마리

주문을 외워 봐도
효과가 없어

지나가던
말 한 마리가
똥을 누네

말똥 하나
말똥 둘

말똥 주문이
통했나 봐

하품이 나와
슬며시 눈이 감겨

동시 해설

「말똥말똥」은 밤에 잠이 오지 않아 '양 세기'를 하던 아이가 엉뚱한 상상을 하게 되는 과정을 유쾌하게 표현한 동시입니다. '말똥말똥'이라는 말에서 출발해 '말의 똥'으로 이어지는 언어유희는 아이들의 언어 감각과 상상력을 자극합니다.

지루하고 잠 안 오는 밤이 상상으로 가득 찬 이야기 시간으로 바뀌며 결국 '말똥 주문'이 통했는지 하품이 나오고 슬며시 잠이 드는 흐름은 아이들에게 마음의 안정과 웃음을 동시에 전달합니다.

수업에서는 '잠이 잘 올 때의 감정'을 주제로 무드미터에서 감정을 고르고 그것을 색과 이미지로 표현해 보는 활동으로 확장할 수 있습니다. 시각적 상상을 그려보는 과정은 감정 인식 및 조절 능력을 기르는 데 도움이 됩니다.

수업 활용

교과 하루 1-2 38-39쪽

성취기준 [2슬03-01] 하루의 변화와 사람들이 하루를 살아가는 모습을 탐색한다.

사회 정서 역량

영역	자기		관계		공동체	마음건강
핵심역량	자기 인식	자기 관리	관계 인식	관계 관리	공동체 가치의 인식 및 관리	정신건강 인식 및 관리
본 활동		✓				✓

수업 활동

교사: 얘들아, 방금 들은 시 「말똥말똥」 어땠어요?

학생 1: 웃겼어요! 말이 갑자기 똥을 누다니요!

학생 2: 양을 세다가 말똥 주문으로 잠든 게 신기했어요.

교사: 맞아요. 잠이 안 와서 눈이 말똥말똥하던 아이가 결국엔 하품이 나고 슬며시 잠이 들었어요. 그런데 얘들아, 잠이 잘 올 때 우리 마음은 어떤 상태일까요?

학생 1: 저는 포근하고 편안할 때 잠이 잘 와요.

학생 2: 저는 하루가 즐겁게 끝났을 때 졸려요.

교사: 맞아요! 오늘은 여러분이 생각하는 '잠이 잘 오는 감정'을 무드미터에서 골라 보고, 그 감정이 어떤 모습인지 그림으로 표현해 볼 거예요.

교사: 무드미터에서 마음이 편안해질 것 같은 감정을 하나 골라볼까요?

학생 1: 저는 '편안하다'를 고를래요.

학생 2: 저는 '평화롭다'요.

교사: 아주 좋아요! 이제 그 감정을 그림으로 표현해 보세요. 어떤 색일지, 어떤 모양일지, 어떤 풍경일지도 상상해서요.

학생 1: 저는 파스텔 색으로 이불 속을 그릴래요.

학생 2: 저는 달빛 아래에서 졸린 토끼를 그릴래요.

교사: 너무 멋진 아이디어예요!

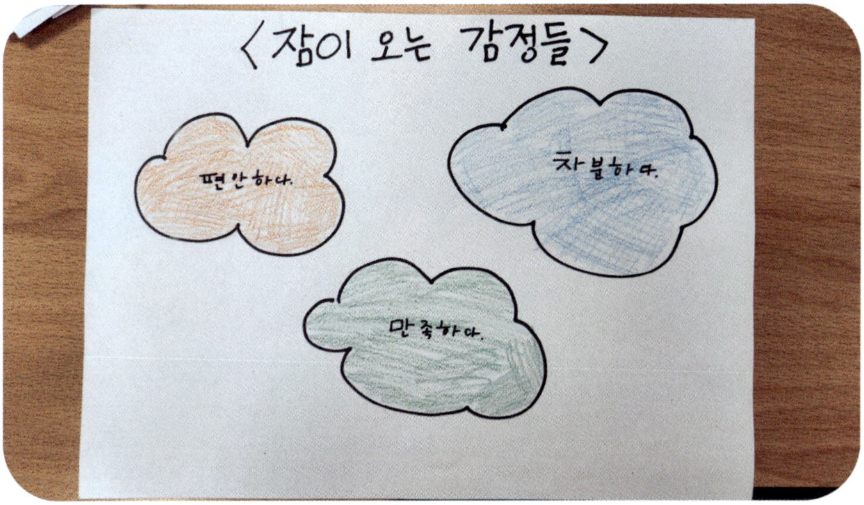

잠이 잘 오는 감정 그리기

별빛 택배

눈뜨자마자
현관문을
열었어

세상에!

정말
택배가
왔어

밤새
누가 일 했을까?

달님이
구름 이불 덮고
자는 동안

별님이
바삐 배달했나 봐

동시 해설

「별빛 택배」는 아침에 문 앞에 놓인 택배 상자를 보고, '밤새 별님이 배달해 준 게 아닐까?' 하고 상상하는 아이의 순수한 마음을 담은 동시입니다. '달님이 / 구름 이불 덮고 / 자는 동안 // 별님이 / 바삐 배달했나 봐'라는 표현은 자연을 의인화하여 보이지 않는 존재의 수고를 따뜻하게 떠올리게 하며 아이의 감성적 시선을 잘 보여줍니다. 이처럼 일상 속 익숙한 물건 하나도 상상력으로 특별한 이야기로 바뀌는 과정을 통해 아이는 감사와 배려, 감정 표현의 힘을 자연스럽게 배우게 됩니다.

특히 이 동시는 '밤에 일하는 사람은 누구일까?', '별빛 택배엔 어떤 마음이 담겨 있을까?'와 같은 질문을 던지며 아이들의 사회적 인식과 상상력을 확장시켜 줍니다.

수업에서는 현실 속 별빛 배달부인 택배 기사님께 감사 편지를 쓰는 활동을 할 수 있습니다. '어떤 날 어떤 택배를 받고 기뻤는지', '그때 어떤 마음이 들었는지'를 떠올리며, 자신의 감정을 언어로 표현하고 누군가의 수고를 인식하는 기회를 마련해 줄 수 있습니다.

수업 활용

교과 하루 1-2 46-47쪽

성취기준 [2슬03-01] 하루의 변화와 사람들이 하루를 살아가는 모습을 탐색한다.

사회 정서 역량

영역	자기		관계		공동체	마음건강
핵심역량	자기 인식	자기 관리	관계 인식	관계 관리	공동체 가치의 인식 및 관리	정신건강 인식 및 관리
본 활동		✓			✓	

수업 활동

교사: 얘들아, 아까 읽은 시 「별빛 택배」 기억나죠?

학생 1: 네! 밤에 별님이 몰래 택배를 배달해 주는 시였어요.

학생 2: 달님은 자고 있고, 별님이 열심히 일했어요!

교사: 맞아요. 누군가가 우리가 자는 동안에도 열심히 일해준다는 이야기였죠. 그런데, 생각해 보면 우리 주변에도 진짜 밤에 일하시는 분들이 계시지요?

학생 1: 택배기사님이요!

학생 2: 맞아요. 아침에 일어나면 현관 앞에 택배가 와 있어요.

교사: 그렇죠. 여러분에게 필요한 물건, 기다리던 선물처럼 소중한 것들을 비 오고 더운 날에도 조용히 배달해 주시는 고마운 분이세요.

학생 1: 저는 생일선물도 택배로 받았어요!

학생 2: 전 멀리 있는 할머니가 보내준 귤이요.

교사: 그런 따뜻한 마음을 전해주는 '현실 속 별빛 배달부', 바로 택배기사님께 오늘은 감사 편지를 써볼 거예요.

교사: 편지에는 이런 내용을 넣어볼 수 있어요. 언제 택배를 받아서 기뻤는지, 어떤 점이 감사했는지, 나만의 따뜻한 인사말 등.

학생 1: "기사님, 땀 흘리며 배달해 주셔서 고마워요!"

학생 2: "비 오는 날에도 젖지 않게 상자 씌워주셔서 감동이었어요."

교사: 아주 좋아요! 여러분의 감사 마음을 반짝이는 별빛처럼 전해볼까요?

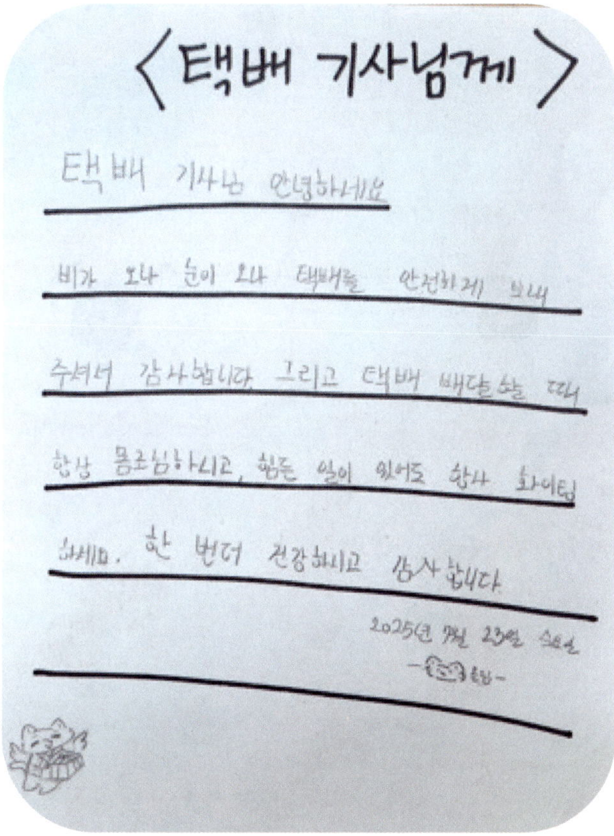

〈택배 기사님께〉

택배 기사님 안녕하세요

비가 오나 눈이 오나 택배를 안전하게 보내 주셔서 감사합니다 그리고 택배 배달하실 때 항상 몸조심하시고, 힘든 일이 있어도 참고 화이팅 하세요. 한 번 더 건강하시고 감사합니다

2025년 7월 23일 수요일

택배 기사님께 편지 쓰기

1학년 모여라! 동시 놀이터

6장

약속

지구야, 얼른 타

오늘은
친구들이랑
자전거 타는 날

지구야,
너도
내 뒤에 얼른 타

시원한 바람으로
너를 식혀 줄게

동시 해설

「지구야, 얼른 타」는 자전거 타는 즐거운 하루를 배경으로 지구에게 다정하게 말을 건네는 아이의 상상이 담긴 동시입니다. '지구야, / 너도 / 내 뒤에 얼른 타' 라는 구절은 지구를 친구처럼 여기며 의인화한 표현으로 아이의 따뜻한 마음과 친근한 시선을 보여줍니다.

특히 '시원한 바람으로 / 너를 식혀 줄게'는 기후 위기로 더워진 지구를 걱정하며, 자전거 바람으로라도 식혀 주고 싶은 아이의 순수한 바람이 유머러스하게 담겨 있습니다.

이 동시는 환경 보호나 생태 위기와 같은 다소 무거운 주제를 아이들의 시선에서 가볍고 따뜻하게 풀어내며, 자연을 '돕고 싶은 존재'로 느끼게 해주는 감성적인 힘을 지니고 있습니다.

수업 시간에 '지구야, 어디가 아파?', '지구를 태우고 어디로 가고 싶어?'라는 질문을 통해 자기 표현력, 상상력, 사회적 인식까지 확장할 수 있습니다.

수업 활용

교과 약속 1-2 20-21쪽

성취기준 [2슬03-04] 우리의 생활과 관련된 지속 가능성의 다양한 사례를 찾고 탐색한다.

사회 정서 역량

영역	자기		관계		공동체	마음건강
핵심역량	자기 인식	자기 관리	관계 인식	관계 관리	공동체 가치의 인식 및 관리	정신건강 인식 및 관리
본 활동					✓	

수업 활동

교사: 얘들아, 오늘은 지구를 주인공으로 한 동시를 함께 읽어볼 거예요. 제목은 「지구야, 얼른 타」입니다. 선생님이 먼저 읽어줄게요.

학생: (집중해서 듣기)

교사: 이 시에서 친구는 지구에게 뭐라고 말하죠?

학생 1: 자전거 뒤에 얼른 타라고 해요.

학생 2: 시원한 바람으로 지구를 식혀 주겠다고 해요.

교사: 맞아요. 자전거를 타며 바람을 느끼는 장면 속에 지구를 생각하는 마음이 담겨 있죠. 그래서 오늘은 우리가 지구가 되어보는 활동을 해볼 거예요. 바로 '지구 인터뷰 역할 놀이'입니다.

학생: 어떻게 해요?

교사: 한 명은 인터뷰어가 되고, 다른 한 명은 지구 역할을 맡아요. 인터뷰어는 지구에게 여러 가지를 물어볼 수 있어요.

학생: 재미있을 것 같아요.

교사: 선생님이 먼저 짧은 예시를 보여줄게요.

(지구 인터뷰하기 예시)

학생1(인터뷰어): 지구 지금 컨디션이 어떠신가요?

학생2(지구 역할): 요즘 너무 더워요. 숨이 막혀요. 플라스틱도 너무 많고요….

학생1(인터뷰어): 지구인들에게 하고 싶은 말은요?

학생2(지구 역할): 제발 자동차 대신 자전거도 좀 타고, 전기 아껴 써주세요.

교사: 이제 짝을 지어서 여러분도 지구 인터뷰 역할 놀이를 해봅시다.

학생: (역할 놀이 활동 진행)

교사: 여러분이 지구가 되어보니 어떤 기분이 들었나요?

학생 1: 지구가 좀 힘들 것 같다는 생각이 들었어요.

학생 2: 앞으로는 지구를 아껴야겠다는 생각이 들어요.

교사: 아주 멋진 생각이에요. 오늘처럼 지구의 마음을 한 번씩 떠올리며 행동하는 우리가 됩시다.

학생: 네.

수도꼭지를 잠그면

수도꼭지를
잠그면

고래가
춤을 춘대

거짓말!
진짜야!

안 믿는다고 하더니
수도꼭지를
꼭 잠그는
내 동생

동시 해설

「수도꼭지를 잠그면」은 아주 작은 행동 하나가 자연에 미치는 긍정적 영향을 따뜻한 상상으로 풀어낸 동시입니다. '수도꼭지를 / 잠그면 // 고래가 / 춤을 춘대'라는 말은 사실이 아니지만, 물을 아끼는 행동이 바다 생물에게 얼마나 좋은 일인지 아이의 눈높이에서 표현하고 있습니다.

'거짓말!', '진짜야!'처럼 짧은 대화체는 형제자매 간의 일상적인 상황을 친근하게 보여주며 결국 '수도꼭지를 꼭 잠그는 내 동생'이라는 반전은 실천하는 어린이의 모습을 재치 있게 그려냅니다.

이 동시는 아이들에게 '내 행동 하나가 자연에 도움이 될 수 있다'는 자존감과 책임감을 심어줍니다. 상상을 통해 환경과 감정이 연결된다는 것을 느끼게 하고 '고래가 좋아하는 일은 뭘까?', '다른 동물은 어떤 부탁을 하고 있을까?'와 같은 질문을 통해 표현력과 생태 감수성을 키울 수 있습니다.

수업에서는 고래에게 편지를 쓰는 활동으로 자연과의 관계를 감정적으로 연결할 수 있습니다. 물을 아껴 쓰겠다는 나만의 약속을 함께 쓰며 공동체 가치를 실천할 수 있는 경험을 제공합니다.

수업 활용

교과 약속 1-2 24-25쪽

성취기준 [2바03-04] 공동체 속에서 지속 가능성을 위한 삶의 방식을 찾아 실천한다.

사회 정서 역량

영역	자기		관계		공동체	마음건강
핵심역량	자기 인식	자기 관리	관계 인식	관계 관리	공동체 가치의 인식 및 관리	정신건강 인식 및 관리
본 활동					✓	

수업 활동

교사: 얘들아, 오늘은 아주 귀엽고도 중요한 이야기를 담고 있는 동시를 함께 읽어볼 거예요. 제목은 「수도꼭지를 잠그면」이에요. 선생님이 먼저 읽어줄게요.

학생: (집중해서 듣기)

교사: 어때요? 이 동시에서 수도꼭지를 잠그면 어떤 일이 생긴다고 했죠?

학생: 고래가 춤을 춘대요!

교사: 진짜일까요?

학생: 거짓말 같지만, 뭔가 의미가 있는 것 같아요.

교사: 맞아요. 진짜 고래가 춤을 추는 건 아닐 수도 있어요. 그렇지만 우리가 물을 아껴 쓰면 바다가 깨끗해지고, 고래가 살기 좋은 환경이 된다는 뜻이 담겨져 있죠. 그래서 오늘은 여러분이 고래에게 편지를 써보는 활동을 해볼 거예요.

학생: 고래한테 진짜 편지를요?

교사: 네. 상상 속 고래에게 우리가 물을 아껴 쓰고 환경을 생각하는 마음을 전하는 거예요. 고래에게 따뜻한 말 한마디, 그리고 앞으로 내가 지킬 작은 약속도 함께 적어보세요. 편지를 다 쓴 친구는 모둠 친구들과 바꾸어 읽어보세요.

학생들: 네!

먹을수 없는
만큼 먹고
남기지 않을 께♡!
고래야
내가 길 바다에
쓰레기 함부로 버리지
않을게!!
고래야
분리수거 잘 할게
재활용과
쓰레기를 잘 버리고
재활용을 잘 할 께!!

고래에게 쓴 편지

지구가 좋아하는 숫자

여름에는
26, 27, 28

겨울에는
18, 19, 20

꼭 기억하세요!

동시 해설

「지구가 좋아하는 숫자」는 여름과 겨울의 적정 실내 온도를 쉽고 재치 있게 알려주는 정보성 동시입니다. '26, 27, 28'은 여름철 실내 적정 온도이고 '18, 19, 20'은 겨울철 적정 온도를 뜻합니다. 이 숫자들을 '지구가 좋아하는 숫자'로 표현함으로써 에너지 절약이 곧 지구를 위한 배려임을 자연스럽게 전합니다.

숫자에 생명을 부여하듯 표현한 말투는 어린이가 지구를 친구처럼 느끼게 하고 환경 보호를 친근하게 받아들이도록 도와줍니다. '꼭 기억하세요!'라는 마지막 문장은 명령이 아닌 다정한 권유처럼 들려 실천 의지를 부드럽게 북돋아 줍니다.

이 동시는 어린이가 생활 속에서 실천할 수 있는 구체적 방법을 제시하며 지속 가능한 삶의 방식을 익히게 합니다. 수업에서는 '지구가 좋아하는 숫자는 무엇일까?', '우리 교실의 현재 온도는 몇 도일까?'라는 같은 질문을 던지며 관찰과 탐구 활동으로 확장할 수 있습니다.

수업 활용

교과 약속 1-2 26-27쪽

성취기준 [2바03-04] 공동체 속에서 지속 가능성을 위한 삶의 방식을 찾아 실천한다.

사회 정서 역량

영역	자기		관계		공동체	마음건강
핵심역량	자기 인식	자기 관리	관계 인식	관계 관리	공동체 가치의 인식 및 관리	정신건강 인식 및 관리
본 활동					✓	

수업 활동

교사: 얘들아, 오늘은 지구가 좋아하는 숫자에 대해 배워볼 거예요. 선생님이 짧은 동시를 하나 읽어줄게요. 제목은 「지구가 좋아하는 숫자」입니다.

학생: (집중해서 듣기)

교사: 여름엔 어떤 숫자가 나왔죠?

학생: 26, 27, 28이요.

교사: 겨울엔?

학생: 18, 19, 20이요.

교사: 맞아요. 이 숫자들은 바로 여름과 겨울에 실내 적정온도를 나타내는 숫자들이에요. 우리가 이 온도를 지키면 전기와 에너지를 아낄 수 있어서 지구가 아주 좋아해요.

학생: 아, 그래서 '지구가 좋아하는 숫자'라고 했군요.

교사: 오늘은 이 숫자들을 활용해서 '초록 신호등'을 만들어 볼 거예요. 초록 불이 들어오는 세 칸에 여름과 겨울의 적정온도를 써넣으면 돼요. 예쁘게 꾸미고 집에 붙이면 우리 모두 실천할 수 있겠죠? 오늘 우리가 만든 초록 신호등이 지구를 위한 작은 약속이 되었으면 좋겠어요.

학생: 네!

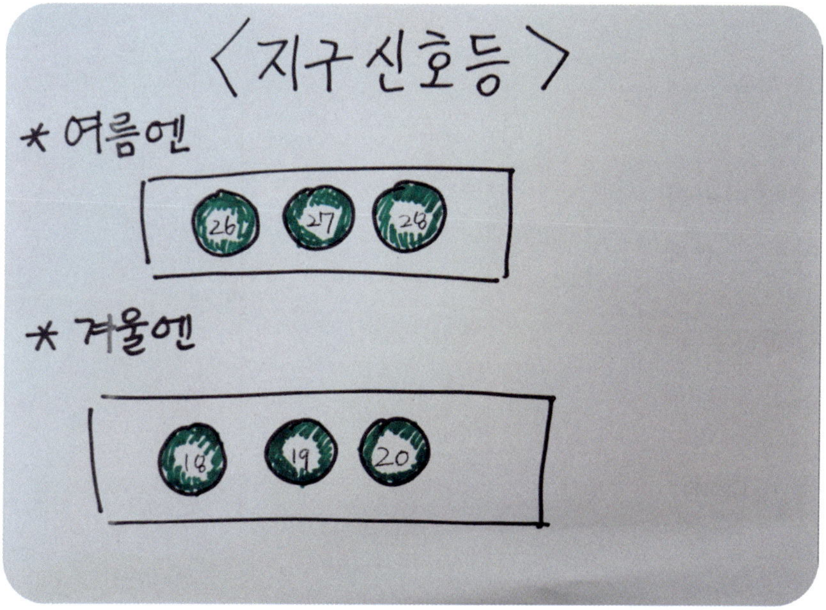

지구 신호등

앞치마

바다거북은
앞치마를
시킨 적이 없대

누가 자꾸
목에다
비닐 앞치마를
걸어주고 간대

답답해하는
거북이를 보며

파란 바다가
하얀 눈물을
흘렸대

동시 해설

「앞치마」는 바다거북의 입장에서 해양 쓰레기 문제를 바라보게 하는 환경 동시입니다. '앞치마를 / 시킨 적이 없대'라는 표현은 인간이 만든 오염물, 특히 비닐 쓰레기가 동물에게 얼마나 해롭고 불편한지를 상징적으로 드러냅니다. '비닐 앞치마'는 학생들이 바로 떠올릴 수 있는 상황이기 때문에 바다거북의 고통을 더 생생하게 떠올릴 수 있게 하며 공감과 경각심을 함께 불러일으킵니다. 마지막 연의 '파란 바다의 하얀 눈물'은 자연의 슬픔을 시적으로 표현한 부분으로 감정과 자연을 연결 짓는 감성적인 이해를 돕습니다.

이 동시는 아이들이 바다 생명체와 지구 환경을 감정적으로 연결하며 인간의 작은 행동이 자연에 끼치는 영향을 돌아보게 합니다. 수업에서는 '거북이는 왜 답답했을까?', '비닐 앞치마 대신 어떤 선물을 주고 싶을까?'와 같은 질문으로 아이들의 감정과 상상력을 끌어낼 수 있습니다.

또한, 바다거북에게 전하는 편지를 쓰거나 바다 생물을 위한 '행복한 선물'을 상상하고 그려보는 활동으로 확장하면 창의성과 환경 감수성을 함께 기를 수 있습니다.

수업 활용

교과 약속 1-2 28-29쪽

성취기준 [2바03-04] 공동체 속에서 지속 가능성을 위한 삶의 방식을 찾아 실천한다.

사회 정서 역량

영역	자기		관계		공동체	마음건강
핵심역량	자기 인식	자기 관리	관계 인식	관계 관리	공동체 가치의 인식 및 관리	정신건강 인식 및 관리
본 활동					✓	

수업 활동

교사: 오늘은 바다거북이 나오는 동시 한 편을 같이 읽어볼게요. 제목은 「앞치마」예요. 선생님이 먼저 읽어줄게요.

학생: (집중해서 듣기)

교사: 어떤 내용이었는지 기억나요?

학생 1: 바다거북이 목에 비닐을 걸고 있었어요.

학생 2: 앞치마처럼 비닐을 걸어준 거예요. 거북이는 시킨 적도 없는데요.

교사: 맞아요. 사람들 손에서 나온 비닐이 바다로 흘러가면서 거북이를 괴롭히는 거예요. 그리고 마지막에는 바다가 어떻게 했다고 표현했죠?

학생: 하얀 눈물을 흘렸대요.

교사: 그런 표현이 참 마음을 찡하게 하죠. 오늘은 이 시를 읽고 나서 '바다거북과 약속하기' 활동을 해볼 거예요. '바다거북아, 내가 비닐봉지를 덜 쓰기로 약속할게.' 이런 식으로 거북이를 위한 마음을 편지처럼 적어보면 돼요.

학생: 네!

교사: 여러분이 진심을 담아서 쓰면, 바다거북이 조금은 위로를 받을 수 있을 거예요. 다 쓴 친구는 거북이 모양의 '바다 약속 게시판'에 붙여보도록 해요.

학생: 네!

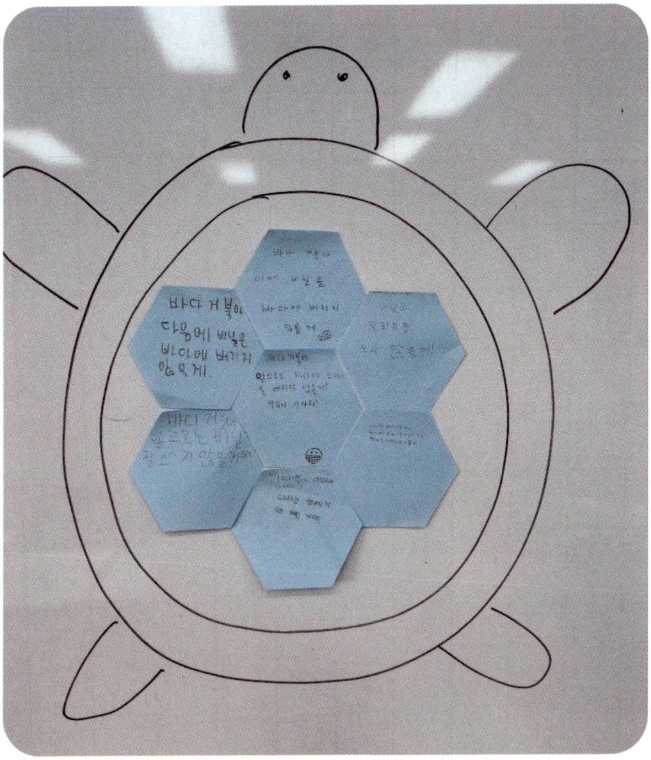

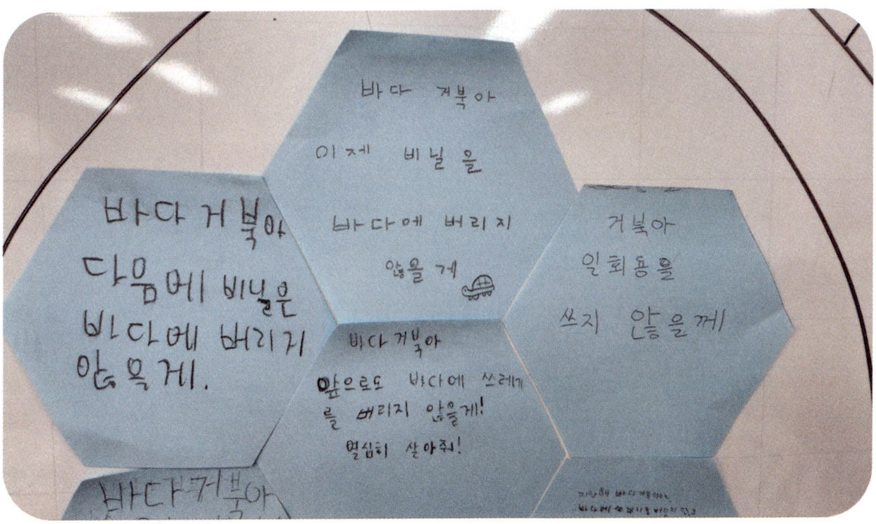
바다 거북아
이제 비닐을
바다에 버리지
않을게
바다 거북아
다음에 비닐은
바다에 버리지
않을게.
거북아
일회용을
쓰지 않을께
바다 거북아
앞으로도 바다에 쓰레기
를 버리지 않을게!
열심히 살아줘!

바다 약속 게시판

리본

포장지가
없으면

리본만
살짝 붙여요

리본 안에
우리 사랑을
가득 담아요

동시 해설

「리본」은 '포장지 없이도 리본 하나만으로 사랑을 전할 수 있다'라는 메시지를 담은 따뜻한 동시입니다. 겉모양보다 마음이 중요하다는 사실을 짧은 시 속에 자연스럽게 녹여내며 아이들이 일상에서 실천할 수 있는 감정 나눔의 태도를 길러 줍니다.

특히 '리본 안에 / 우리 사랑을 / 가득 담아요'라는 구절은 작은 물건 안에 따뜻한 마음이 담겨 있다는 상상력을 자극합니다. 이 표현은 눈에 보이지 않는 감정을 '리본'이라는 구체적인 사물에 연결해 아이들이 감정을 표현하는 방식을 친근하게 받아들이도록 도와줍니다.

이 동시는 아이들에게 '무엇을' 주느냐보다 '어떤 마음으로' 주느냐가 더 중요하다는 가치를 일깨워 줍니다. 따뜻한 감정도 멋진 선물이 될 수 있다는 경험은 나눔과 공감의 기초가 됩니다. 작은 마음 표현이 친구와의 관계를 부드럽게 만들고 스스로 기쁨을 느끼게 해줄 것입니다.

수업에서는 이 시를 읽고 '감정 리본'을 만드는 활동으로 확장할 수 있습니다. 리본 모양 종이에 '응원', '용기', '고마움'과 같은 감정을 써서 친구나 가족에게 선물해보게 합니다. 이를 통해 아이들이 감정을 말로 표현하고 따뜻한 마음을 나누는 경험을 자연스럽게 쌓을 수 있습니다.

수업 활용

교과 약속 1-2 32-33쪽

성취기준 [2바03-04] 공동체 속에서 지속 가능성을 위한 삶의 방식을 찾아 실천한다.

사회 정서 역량

영역	자기		관계		공동체	마음건강
핵심역량	자기 인식	자기 관리	관계 인식	관계 관리	공동체 가치의 인식 및 관리	정신건강 인식 및 관리
본 활동					✓	

수업 활동

교사: 오늘은 짧지만 마음이 따뜻해지는 동시를 하나 읽어볼게요. 제목은 「리본」이에요. 선생님이 먼저 읽어줄게요.

학생: (집중해서 듣기)

교사: 시를 읽고 어떤 느낌이 들었나요?

학생 1: 리본 하나만으로도 선물이 될 수 있다는 생각이 들었어요.

학생 2: 리본 안에 사랑이 담겨 있다고 해서 뭔가 따뜻했어요.

교사: 맞아요. 이 시처럼, 겉모습이 화려하지 않아도 마음이 담긴 작은 정성만으로도 소중한 선물이 될 수 있어요. 그래서 오늘은 여러분이 직접 '감정 리본'을 만들어보는 활동을 해볼 거예요.

학생: 감정 리본이요?

교사: 네. 리본 모양 종이에 여러분이 누군가에게 선물하고 싶은 감정 하나를 써보는 거예요. 예를 들어, "용기", "고마움", "응원", "미안함", "사랑" 같은 말들이 될 수 있어요.

학생 1: 저는 친구에게 '괜찮아.'라는 감정을 주고 싶어요.

학생 2: 저는 '기뻐해 줘서 고마워.'라고 쓸래요.

교사: 정말 좋아요. 리본 안에 감정을 짧게 적고, 누구에게 주고 싶은지도 적어주세요. 다 쓴 리본은 교실 뒤 감정나무에 매달아 볼게요. 친구들의 마음이 교실을 따뜻하게 해줄 거예요.

학생: 네.

감정 리본

치약, 너마저

옷에도
플라스틱이 들었고

물티슈에도
플라스틱이 숨어 있고

책가방에도
플라스틱이 붙어 있대

알아, 알지.

근데 치약,
너마저
플라스틱이랑
친했다고?

동시 해설

「치약, 너마저」는 일상 속 평범한 물건들에 플라스틱이 포함되어 있다는 사실을 하나하나 알아가는 어린이 화자의 놀람과 실망을 생생하게 담고 있는 동시입니다. 옷, 물티슈, 책가방 등 친숙한 물건들에 플라스틱이 들어 있다는 것을 순차적으로 받아들이던 화자는 마지막에 치약까지 플라스틱과 '친했다'라는 사실에 충격을 받습니다.

이 동시는 아이들에게 '내가 쓰는 물건에도 플라스틱이 들어 있을까'라는 질문을 던지게 합니다. 환경 보호에 대한 부담보다는 궁금증에서 출발해 스스로 생활을 돌아보게 하는 데 의미가 있습니다. 이를 통해 아이들은 비판적으로 사고하고 생활 습관을 돌아보며 지속 가능한 삶의 방식을 탐색하게 됩니다.

수업에서는 이 시의 형식을 바탕으로, 자신이 사용하는 물건 중 미세플라스틱이 들어 있는 물건을 선택하고 시처럼 표현해 보는 활동을 할 수 있습니다. 예를 들어, '○○, 너마저 플라스틱이랑 친했다고?'라는 문장을 만들어 교실에 게시하면 아이들 스스로가 환경 감수성을 기르고 실천의 첫걸음을 내딛게 됩니다.

수업 활용

교과 약속 1-2 34-35쪽

성취기준 [2바03-04] 공동체 속에서 지속 가능성을 위한 삶의 방식을 찾아 실천한다.

사회 정서 역량

영역	자기		관계		공동체	마음건강
핵심역량	자기 인식	자기 관리	관계 인식	관계 관리	공동체 가치의 인식 및 관리	정신건강 인식 및 관리
본 활동					✓	

수업 활동

교사: 오늘은 여러분과 함께 조금 놀라운 이야기를 담고 있는 동시를 읽어보려고 해요. 제목은 「치약, 너마저」입니다. 선생님이 먼저 읽어줄게요.

학생: (집중해서 듣기)

교사: 어땠나요? 시에서 어떤 물건들에 플라스틱이 들어 있다고 했죠?

학생 1: 옷이요!

학생 2: 물티슈도요.

학생 3: 책가방에도 있다고 했어요.

교사: 맞아요. 그리고 시인은 마지막에 어떤 물건에서 충격을 받았을까요?

학생: 치약이요. 치약에도 플라스틱이 들어 있는 걸 알고 깜짝 놀란 것 같아요.

교사: 네, 우리도 매일 쓰는 생활용품 속에 작고 보이지 않는 미세플라스틱이 숨어 있다는 걸 알게 되었죠. 그래서 오늘은 시인의 표현처럼, 우리가 새롭게 발견한 '미세플라스틱이 있는 물건'으로 시를 바꿔 써보는 활동을 해보려고 해요.

학생: 저도 생각나는 거 있어요!

교사: 예를 들어, '알아, 알지. 근데 ○○, 너마저 플라스틱이랑 친했다고?' 이런 형식으로 써도 좋아요. 생활 속 물건 중에서 미세플라스틱이 들어 있을 것 같은 걸 찾

아보고, 짧은 시처럼 바꿔 써보면 됩니다.

학생: 저는 스펀지로 선택했어요.

교사: 다 쓴 친구들은 서로 읽어주거나 교실 게시판에 붙여서 공유해 봅시다. 여러분의 글을 통해 다른 친구들도 생활 속 플라스틱을 다시 돌아보게 될 거예요.

학생: 네!

사과

나무야
너 학원 안 간다고
부러워했는데

공부보다
더 어려운 일을
하고 있었어

애쓰는 거
몰라줘서
미안해

동시 해설

「사과」는 나무를 부러워하던 아이가 점차 나무의 수고를 깨닫고 존중과 사과의 마음으로 나아가는 과정을 섬세하게 그려낸 동시입니다. 처음 화자는 '학원 안 간다'라는 이유로 나무를 부러워하지만, 곧 나무가 겪는 고요하고도 깊은 수고를 이해하게 됩니다. '공부보다 더 어려운 일'을 하고 있다는 깨달음은 단순한 자연 관찰을 넘어 생명에 대한 존중과 감사를 품게 합니다. 특히 마지막 구절인 '애쓰는 거 / 몰라줘서 / 미안해'라는 구절은 나무와의 마음의 거리감을 좁히고 아이들이 일상에서 놓쳤던 자연의 숨은 애씀을 다시 바라보게 만듭니다.

수업에서는 나무 사진을 함께 보며 '이 나무가 들려주는 말은 무엇일까'를 상상해 보게 합니다. 아이들은 동시의 표현을 바탕으로 자신이 좋아하는 나무를 그려보고 편지를 쓰며 자연을 다시 바라보는 감정을 나누게 됩니다. 이러한 활동은 아이들이 나무와 가까워지는 마음을 갖게 하고, 자연을 소중히 여기는 태도를 기르는 데 도움을 줍니다.

수업 활용

교과 약속 1-2 36-37쪽

성취기준 [2바03-04] 공동체 속에서 지속 가능성을 위한 삶의 방식을 찾아 실천한다.

사회 정서 역량

영역	자기		관계		공동체	마음건강
핵심역량	자기 인식	자기 관리	관계 인식	관계 관리	공동체 가치의 인식 및 관리	정신건강 인식 및 관리
본 활동					✓	

수업 활동

교사: 얘들아, 오늘은 신나는 음악 하나를 들려줄게요. 제목은 바로 '나무의 노래'예요. 눈을 감고, 음악을 들으며 어떤 장면이 떠오르는지 상상해 보세요.

<나무의 노래>

아침 햇살이 찾아들기 전
작은 소리로 노래하는 나무
아침 햇살이 찾아들면
가슴을 펴고 햇살을 흔들며 노래하는 나무
오늘은 날씨가 좋아요!
햇살이 눈부셔요
우리 집 나무가 노래 부르면
이웃집 나무가 대답을 하고
탐스런 나뭇잎만큼 가득 열린 참새들
열린 참새만큼 고운 노래 들려주는 나무
하늘에 그려지는 오선지엔
햇살 한 줌 내 노래 한 가락

교사: 어땠어요? 어떤 장면이 떠올랐나요?

학생 1: 저는 아침 햇살을 받으면서 나무가 조용히 숨 쉬는 모습이 떠올랐어요.

학생 2: 저는 바람이 불 때 나무가 가지를 흔드는 모습이 생각났어요.

교사: 정말 멋진 상상이네요! 음악만 들어도 나무를 만나러 가고 싶어지죠? 함께 영상을 보면서 책상춤을 배워봅시다.

학생: 네.

※ 나무의 노래: 노래) 최신영 작사, 김동신 작곡, 책상춤) https://www.youtube.com/watch?v=ddGDZID_LFQ

음식물 쓰레기

저녁을 먹고 나면
엄마는
음식물 쓰레기를
데리고 나가

조용히
친구들 모인 곳에
데려다주고
금방 돌아와

하루도 빠짐없이
보내야 하는
음식물 쓰레기

곁에 두긴 불편하고
버리긴 미안하고

처음부터
안 만들 수는 없을까?

동시 해설

「음식물 쓰레기」는 매일 저녁 식사 후 반복되는 평범한 장면 속에서, 아이가 음식물 쓰레기를 바라보는 시선을 통해 깊은 질문을 던지는 동시입니다. '데리고 나간다'라는 표현은 음식물 쓰레기를 마치 살아 있는 존재처럼 느끼게 하여 거리감을 줄이고 그 자체에 대한 감정이입을 유도합니다. '곁에 두긴 불편하고 / 버리긴 미안하고'라는 대목은 남은 음식에 대한 현실적인 불편함과 함께, 그것을 버릴 때 느끼는 죄책감을 동시에 담아냅니다. 마지막 문장인 '처음부터 / 안 만들 수는 없을까?'라는 단순한 반성이 아니라 생활 속에서 실천 가능한 대안을 스스로 고민하게 만드는 질문으로 동시 전체의 주제를 선명하게 드러냅니다.

이 동시는 어린이들에게 음식과 환경의 관계를 생각하게 하고 먹는 일에 대한 책임감을 키워줍니다. 아이들은 자신이 싫어하는 음식이나 남기기 쉬운 반찬을 떠올리며 '왜 남기게 될까?', '어떻게 하면 덜 남길 수 있을까?'라고 스스로 묻고 답하게 됩니다. 쓰레기라는 소재가 부정적인 이미지로 다가오기 쉬운데, 이 시는 그것을 부드럽고 따뜻하게 접근하며 '공동체 속에서 실천하는 삶'을 자연스럽게 연결해 줍니다.

수업에서는 이렇게 활용할 수 있습니다. 먼저 동시를 함께 읽고 음식물 쓰레기에 담긴 감정을 이야기하고 학생들과 함께 급식표를 살펴봅니다. 자신이 '다 먹을 수 있는 날'과 '조금 어려운 날'을 표시해 보는 활동을 진행합니다. 이 활동은 지속 가능성에 대한 감수성을 함께 길러줄 수 있습니다.

수업 활용

교과 약속 1-2 38-39쪽

성취기준 [2바03-04] 공동체 속에서 지속 가능성을 위한 삶의 방식을 찾아 실천한다.

사회 정서 역량

영역	자기		관계		공동체	마음건강
핵심역량	자기 인식	자기 관리	관계 인식	관계 관리	공동체 가치의 인식 및 관리	정신건강 인식 및 관리
본 활동					✓	

수업 활동

교사: 얘들아, 오늘은 우리가 매일 만나는 음식 이야기를 담은 동시를 읽어볼게요. 제목은 「음식물 쓰레기」입니다. 선생님이 먼저 읽어줄게요.

학생: (집중해서 듣기)

교사: 시를 듣고 어떤 생각이 들었나요?

학생 1: 엄마가 음식물 쓰레기를 '데려다주는' 장면이 재밌었어요.

학생 2: 음식물 쓰레기를 매일 보내야 한다는 게 조금 슬프게 느껴졌어요.

교사: 맞아요. '곁에 두긴 불편하고, 버리긴 미안하고'라는 말이 특히 마음에 남죠? 시인은 처음부터 음식물 쓰레기를 안 만들 수는 없을까 하고 고민하고 있어요.

교사: 그래서 오늘은 여러분과 함께 '급식표'를 살펴보며, 내가 다 먹을 수 있는 날에 표시해 보는 활동을 해보려고 해요.

학생: 좋아요! 근데 싫어하는 반찬 있는 날도 있어요.

교사: 그럴 수 있어요. 그래서 오늘은 '다 먹을 수 있는 날'과 '조금 어려운 날'을 나눠 보고, 어떻게 하면 덜 남길 수 있을지도 함께 생각해 보는 거예요.

학생: 저는 깍두기만 빼고 다 잘 먹어요!

교사: 아주 좋아요. 급식표를 보며 O 표시를 하고, 다 먹을 수 없는 날엔 '어떻게 하면 덜 남길 수 있을까?' 한 줄 다짐도 적어볼까요?

학생: 네!

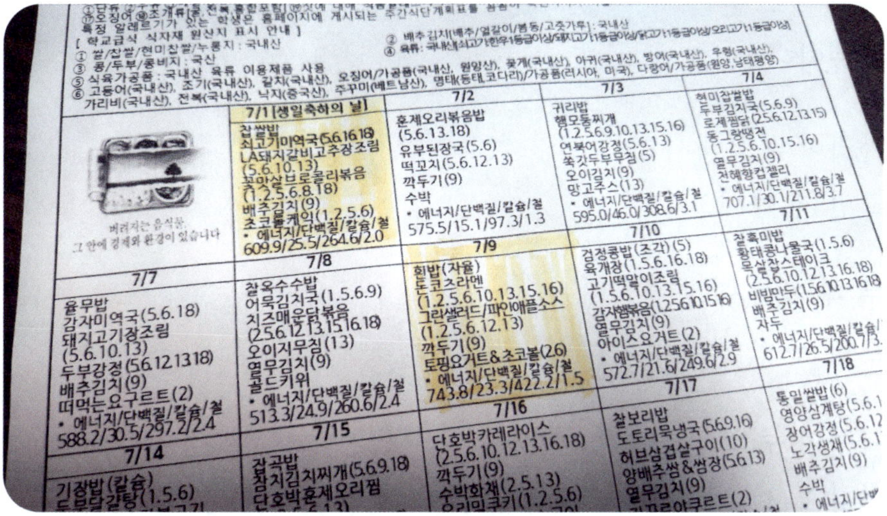

[학교급식 식자재 원산지 표시 안내]
① 쌀/찹쌀/현미찹쌀/누룽지 : 국내산
② 배추김치(배추/열갈이/봄동/고춧가루) : 국내산
③ 콩/두부/콩비지 : 국산
⑤ 식육가공품 : 국내산 육류 이용제품 사용

버려지는 음식물 그 안에 경제와 환경이 있습니다	7/1 [생일축하의 날]	7/2	7/3	7/4
	찹쌀밥 쇠고기미역국(5.6.16.18) LA돼지갈비고추장조림(5.6.10.13) 꽃맛살브로콜리볶음(1.2.5.6.8.18) 배추김치(9) 초코롤케익(1.2.5.6) • 에너지/단백질/칼슘/철 609.9/25.5/264.6/2.0	훈제오리볶음밥(5.6.13.18) 유부된장국(5.6) 떡꼬치(5.6.12.13) 깍두기(9) 수박 • 에너지/단백질/칼슘/철 575.5/15.1/97.3/1.3	귀리밥 햄모둠찌개(1.2.5.6.9.10.13.15.16) 연북어강정(5.6.13) 쑥갓두부무침(5) 오이김치(9) 망고주스(13) • 에너지/단백질/칼슘/철 595.0/46.0/308.6/3.1	현미찹쌀밥 두부김치국(5.6.9) 로제찜닭(2.5.6.12.13.15) 동그랑땡전(1.2.5.6.10.15.16) 열무김치(9) 천혜향컵젤리 • 에너지/단백질/칼슘/철 707.1/30.1/211.8/3.7

7/7	7/8	7/9	7/10	7/11
율무밥 감자미역국(5.6.18) 돼지고기장조림(5.6.10.13) 두부강정(5.6.12.13.18) 배추김치(9) 떠먹는요구르트(2) • 에너지/단백질/칼슘/철 588.2/30.5/297.2/2.4	찰옥수수밥 어묵김치국(1.5.6.9) 치즈매운닭볶음(2.5.6.12.13.15.16.18) 오이지무침(13) 열무김치(9) 골드키위 • 에너지/단백질/칼슘/철 513.3/24.9/260.6/2.4	흰밥(자율) 돈코츠라멘(1.2.5.6.10.13.15.16) 그린샐러드/파인애플소스(1.2.5.6.12.13) 깍두기(9) 토핑요거트&초코볼(2.6) • 에너지/단백질/칼슘/철 743.8/23.3/422.2/1.5	검정콩밥(조각)(5) 육개장(1.5.6.16.18) 고기떡말이조림(1.5.6.10.13.15.16) 감자햄볶음(1.2.5.6.10.15.16) 열무김치(9) 아이스요거트(2) • 에너지/단백질/칼슘/철 572.7/21.6/249.6/2.9	찰흑미밥 황태콩나물국(1.5.6) 목살찹스테이크(2.5.6.10.12.13.16.18) 비빔만두(1.5.6.10.13.16.18) 배추김치(9) 자두 • 에너지/단백질/칼슘/철 612.7/26.5/200.7/3.

7/14	7/15	7/16	7/17	7/18
기장밥(칼슘) 두부달갈탕(1.5.6)	잡곡밥 참치김치찌개(5.6.9.18) 단호박훈제오리찜	단호박카레라이스(2.5.6.10.12.13.16.18) 깍두기(9) 수박화채(2.5.13) 우리밀쿠키(1.2.5.6)	찰보리밥 도토리묵냉국(5.6.9.16) 허브삼겹살구이(10) 양배추쌈&쌈장(5.6.13) 열무김치(9)	통밀쌀밥(6) 영양삼계탕(5.6.1 장어강정(5.6.12 노각생채(5.6.1 배추김치(9) 수박 • 에너지/단백

급식표 표시 사진

원 플러스 원

원 플러스 원은
행복이다

가격이 저렴해서
그런 게 아니고

두 개 받아서
그런 게 아니고

나누어 주고 싶은
사람이
떠올라서
행복이다

동시 해설

「원 플러스 원」은 마트나 편의점에서 흔히 볼 수 있는 "1+1"이라는 표현을 단순한 할인 혜택으로 보지 않고, '함께 나눌 사람을 떠올리는 마음'으로 확장하여 해석한 감성적인 동시입니다. '가격이 저렴해서 그런 게 아니고 두 개 받아서 그런 게 아니고'라는 반복 구조는, 물질적 이익보다 사람을 생각하는 따뜻한 감정을 더 소중하게 여기는 화자의 진심을 드러냅니다. 특히 '나누어 주고 싶은 / 사람이 / 떠올라서 / 행복이다'라는 마지막 구절은 진정한 행복이 물건의 개수가 아니라 그것을 함께할 누군가를 떠올리는 데서 비롯된다는 메시지를 전합니다.

이 동시는 어린이들에게 '가진 것을 나누는 마음', '타인을 생각하는 기쁨'을 자연스럽게 느끼게 합니다. 평범한 소비 경험 속에서도 감정과 관계를 읽어내는 능력을 기를 수 있으며 따뜻한 공감과 배려의 감정을 스스로 깨닫게 도와줍니다. 또한 아이들은 '누구와 나누고 싶은가?', '그 이유는 무엇인가?'라는 질문에 고민하며 관계에 대한 인식을 넓혀 갈 수 있습니다.

수업에서는 시를 감상한 뒤, '내가 1+1 아이스크림을 받는다면 누구와 나누고 싶을까?'라는 주제로 활동지를 작성해 봅니다. 원 플러스 원 아이스크림 그림의 양쪽에 자신의 이름과 나누고 싶은 사람의 이름을 적고, 짧은 이유를 덧붙이게 하면 자연스럽게 감정 표현과 관계 인식을 함께 다룰 수 있습니다. 나눔을 통해 느끼는 감정을 이야기로 나누는 과정은 아이들 스스로 따뜻함을 발견하는 기회가 됩니다.

수업 활용

교과 약속 1-2 46-47쪽

성취기준 [2즐03-04] 안전과 안녕을 위한 아동의 권리가 있음을 알고 누린다.

사회 정서 역량

영역	자기		관계		공동체	마음건강
핵심역량	자기 인식	자기 관리	관계 인식	관계 관리	공동체 가치의 인식 및 관리	정신건강 인식 및 관리
본 활동					✓	

수업 활동

교사: 얘들아, 오늘은 '나눔'에 대한 따뜻한 시를 함께 읽어볼 거예요. 제목은 「원 플러스 원」이에요. 선생님이 먼저 읽어줄게요.

학생: (집중해서 듣기)

교사: 어땠어요? '원 플러스 원'이라는 말이 어떤 느낌으로 다가왔나요?

학생 1: 저는 마트에서 1+1 행사 생각이 났어요.

학생 2: 그런데 이 시에서는 물건을 많이 받는 것보다, 누군가와 나누고 싶은 마음이 더 중요하게 느껴졌어요.

교사: 맞아요. 물건보다 '함께 나누고 싶은 마음'이 더 행복하게 느껴졌지요. 그래서 오늘 활동은요, 두 개가 붙어 있는 원 플러스 원 아이스크림이 생긴다면 누구와 나눠 먹고 싶은지 생각해 보는 거예요.

학생 1: 저는 친구랑 나눠 먹고 싶어요.

학생 2: 저는 할머니예요. 할머니께서 가끔 아이스크림을 드시거든요.

교사: 참 따뜻한 이야기예요. 활동지에 원 플러스 원 그림이 있어요. 한쪽엔 내 이름, 다른 한쪽엔 나누고 싶은 사람의 이름을 적고, 이유도 짧게 써보면 좋겠어요.

학생: 네!

원 플러스 원 아이스크림 사진

어린이는요

어린이는요
배워야 해요
마음껏!

어린이는요
안전해야 해요
어디서든!

어린이는요
존중받아야 해요
작은 목소리도!

왜냐하면
어린이는
언제 세상을
바꿀지 모르거든요

동시 해설

「어린이는요」는 어린이의 기본 권리를 담담하면서도 힘 있게 전하는 동시입니다. '배워야 해요', '안전해야 해요', '존중받아야 해요'라는 간결하고 반복적인 표현은 어린이들이 누려야 할 권리를 또렷하게 각인시켜 줍니다. 특히, 반복되는 '어린이는요'라는 문장은 어린이 스스로 자신의 존재와 권리를 자각하게 해주고, 마지막 구절 '언제 세상을 / 바꿀지 모르거든요'라는 표현은 어린이를 미래의 희망이자 변화의 주체로 그려냅니다.

이 동시는 어린이의 권리를 단순히 알려주는 데 그치지 않고, 아이들 스스로 자신의 목소리와 삶을 소중히 여기는 태도를 기를 수 있도록 돕습니다. 아이들은 이 시를 통해 자신이 보호받아야 할 존재임을 넘어서 권리를 이야기하고 그것을 지켜나갈 힘을 가진 사람임을 느낄 수 있습니다.

수업에서는 '어린이에게 꼭 필요한 것은 무엇일까?', '내 권리가 존중받기 위해 어떤 일이 필요할까?'라는 같은 질문을 중심으로 생각을 표현하고 다른 친구들의 생각을 경청하는 활동으로 확장할 수 있습니다. 나아가 '어린이를 위한 약속 카드'를 만드는 활동을 통해 서로의 권리를 존중하고 지켜주는 공동체 의식도 함께 키울 수 있습니다.

수업 활용

교과 약속 1-2 48-49쪽

성취기준 [2즐03-04] 안전과 안녕을 위한 아동의 권리가 있음을 알고 누린다.

사회 정서 역량

영역	자기		관계		공동체	마음건강
핵심역량	자기 인식	자기 관리	관계 인식	관계 관리	공동체 가치의 인식 및 관리	정신건강 인식 및 관리
본 활동					✓	

수업 활동

교사: 오늘은 '어린이'에 대한 멋진 생각이 담긴 시를 함께 읽어보려고 해요. 제목은 「어린이는요」예요. 선생님이 먼저 읽어줄게요.

학생: (집중해서 듣기)

교사: 어땠어요? 이 시에서 어린이는 어떤 존재라고 했나요?

학생 1: 어린이는 배워야 한다고 했어요.

학생 2: 안전해야 하고, 존중도 받아야 한다고 나왔어요.

교사: 맞아요. 그리고 마지막 문장이 정말 멋졌지요. '어린이는 언제 세상을 바꿀지 모르거든요'라고 했어요. 여러분도 그런 존재예요. 오늘은 '어린이에게 꼭 필요한 것'을 하나씩 생각해서 적어보겠습니다. 왜 그게 필요한지도 같이 발표해 봅시다.

학생 1: 저는 "놀 시간이요!"라고 쓸래요. 그래야 마음도 편해지니까요.

학생 2: 저는 "친구예요." 친구랑 있으면 기분이 좋아져요.

교사: 정말 좋은 생각이에요. 여러분이 적은 걸 모아서 '어린이를 위한 약속 카드'로 꾸며볼 거예요. 우리가 서로를 잘 돌보고 있는지 되돌아 보는 시간도 될 거예요.

학생: 네, 좋아요!

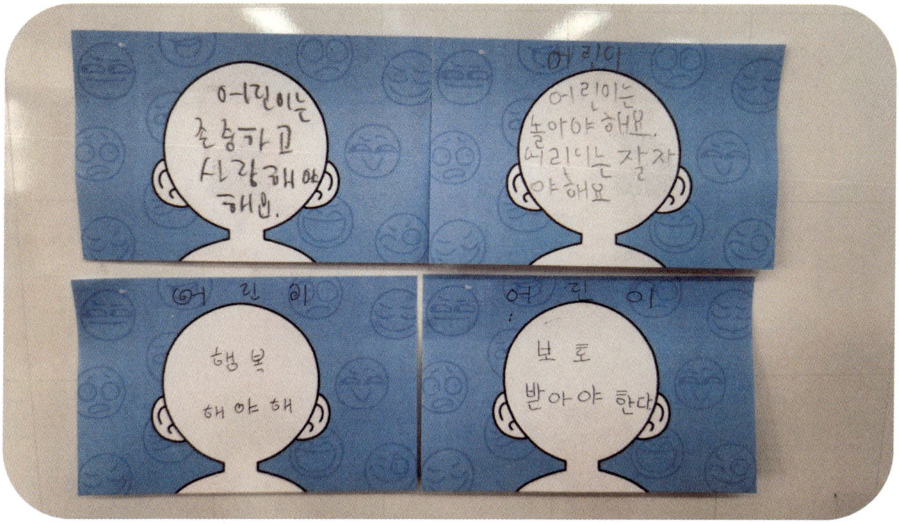
어린이는
존중하고
사랑해야
해요.
어린이
어린이는
놀아야 해요.
어린이는 잘자
야해요
어린이
행복
해야 해
어린이
보호
받아야 한다

어린이를 위한 약속 카드

1학년 모여라! 동시 놀이터

7장

상상

뭐 어때

만약에
정말 만약에
알에서 태어난다면
어떤 알이면 좋을까?

보송보송할 알?
알록달록한 알?
반질반질한 알?

한 번쯤
생각해 보는 거야

뭐 어때?

동시 해설

「뭐 어때」는 상상의 질문을 통해 아이들의 개성과 특별함을 들여다보는 경험을 제공합니다.

아이들은 '보송보송한 알', '알록달록한 알', '반짝반짝한 알' 등 다양한 상상을 자유롭게 펼치고, 자신이 태어난 알을 직접 그리고 꾸미며 나만의 이야기와 감정을 담아냅니다.

이 과정은 단순한 그리기 활동을 넘어, '나는 어떤 사람일까?', '나는 어떤 감정이 있을까?'라는 생각을 자연스럽게 돌아보게 하며 나답게 존재하는 것의 의미를 긍정하고 서로 다른 생각을 인정하는 경험으로 확장됩니다.

수업에서는 친구들과 서로의 알을 소개하고 이야기를 나눌 수 있습니다. 아이들은 이 시간을 통해 '뭐 어때'라는 제목처럼 다름을 존중하며 생각과 감정을 표현하는 힘을 키워나가게 됩니다.

수업 활용

교과 상상 1-2 20-21쪽

성취기준 [2슬04-02] 상상한 것을 다양한 매체와 재료로 구현한다.

사회 정서 역량

영역	자기		관계		공동체	마음건강
핵심역량	자기 인식	자기 관리	관계 인식	관계 관리	공동체 가치의 인식 및 관리	정신건강 인식 및 관리
본 활동	✓	✓				

수업 활동

교사: 오늘은 아주 엉뚱하고 재미있는 상상을 담은 동시를 소개할게요. 제목은 「뭐 어때」예요. 선생님이 먼저 읽어줄게요.

학생: (집중해서 듣기)

교사: 어때요? 혹시 여러분은 '알'에서 태어난다면, 어떤 알이면 좋겠어요?

학생 1: 저는 초록색 반짝이 알이요! 꼭 요정처럼 나올 것 같아요.

학생 2: 저는 폭신폭신 베개 같은 알이요. 따뜻하게 자고 싶어요.

학생 3: 저는 색연필처럼 알록달록한 알이요. 기분에 따라 색이 변했으면 좋겠어요.

교사: 와, 정말 멋진 상상이에요. 시에서도 한 번쯤 생각해 보라고 했잖아요. 오늘은 '내가 태어난 알'을 직접 그려볼 거예요. 색깔, 무늬, 크기 그리고 알 속에 담긴 나의 감정도 표현해 보세요.

학생: 네.

나의 알 그리기

상자

탁탁탁탁탁
택배 상자를 열 때
엄마는 빨라

탁 탁 탁 탁 탁
택배 상자를 버릴 때
엄마는 느려

동시 해설

「상자」는 일상 속에서 놓치기 쉬운 감정을 소리와 속도로 표현한 짧지만 깊은 여운이 남는 작품입니다. 엄마가 택배 상자를 '탁탁탁탁탁' 빠르게 여는 장면에서는 기대와 설렘이 느껴지며, '탁   탁   탁   탁   탁' 느리게 버리는 장면에서는 그 기대가 지나간 후의 허전함과 아쉬움이 묻어납니다.

'소리에도 감정이 담길 수 있다'는 이 동시는 말의 속도와 리듬을 통해 사람의 마음을 섬세하게 전합니다. 시인은 단순한 행동을 관찰하며 '왜 느릴까?'라는 질문을 우리에게 남깁니다. 아이들은 이 시를 통해 행동 이면의 마음을 상상하는 감수성을 키울 수 있습니다.

특히 '탁탁탁탁탁'과 '탁   탁   탁   탁   탁'의 반복과 간격을 비교하며 말과 글의 형식이 감정 표현에 어떤 역할을 하는지도 자연스럽게 이해하게 됩니다.

수업에서는 이 시를 읽고 우리 가족만의 특별한 습관을 관찰해 보는 활동으로 확장할 수 있습니다. 아이들은 '우리 엄마는 어떤 행동을 자주 하실까?'라는 것을 떠올리며 엄마에 대한 이해와 애정을 키우고, 감정이 담긴 관찰 글이나 퀴즈로 만들어 표현하는 경험을 통해 감성적 표현 능력을 기르게 됩니다.

수업 활용

교과 상상 1-2 22-23쪽

성취기준 [2슬04-02] 자유롭게 상상하며 놀이한다.

사회 정서 역량

영역	자기		관계		공동체	마음건강
핵심역량	자기 인식	자기 관리	관계 인식	관계 관리	공동체 가치의 인식 및 관리	정신건강 인식 및 관리
본 활동			✓	✓		

수업 활동

교사: 오늘은 아주 짧지만 재미있는 관찰이 담긴 동시를 함께 읽어볼게요. 제목은 「상자」예요. 선생님이 먼저 읽어줄게요.

학생: (집중해서 듣기)

교사: 어땠어요? 엄마가 상자를 열 때랑 버릴 때, 어떻게 다르다고 했죠?

학생 1: 열 때는 '탁탁탁탁탁' 빨리 열어요!

학생 2: 근데 버릴 때는 '탁 탁 탁 탁 탁' 천천히요.

교사: 맞아요. 시인이 엄마의 행동을 소리와 속도로 표현했죠? 오늘은 이 시처럼 우리 엄마만의 특별한 행동이나 습관을 떠올려서 퀴즈를 하나 만들어 볼 거예요.

(엄마 퀴즈 예시)

1. 우리 엄마는 이 노래를 가장 좋아해요.
2. 우리 엄마는 TV 볼 때 이걸 꼭 듣고 있어요
3. 우리 엄마는 이 음식을 가장 싫어해요.

교사: 다 만든 친구는 모둠별로 퀴즈를 내봅시다.

학생: 네.

MEMO

용감한 강아지

눈을 감은 어른이
천천히 걷는다

강아지가 빨리 가면
어른도 빨리 가고

강아지가 멈추면
어른도 멈춘다

말없이
둘은 길을 건넜다

참 용감한 강아지다

동시 해설

「용감한 강아지」는 시각장애인의 길 안내를 맡은 강아지의 모습을 담담하고 따뜻한 시선으로 바라본 동시입니다. 시인은 단 한마디의 설명도 없이 오직 행동의 관찰만으로 안내견과 사람 사이의 깊은 신뢰를 보여줍니다. '강아지가 빨리 가면 / 어른도 빨리 가고 // 강아지가 멈추면 / 어른도 멈춘다'처럼 짧은 문장은 단단한 연결과 믿음을 말없이 전달합니다.

이 동시는 겉으로는 작고 평범해 보일 수 있는 존재가 얼마나 중요한 역할을 하는지, 도움을 주는 존재의 용기와 책임이 무엇인지 생각하게 합니다. 아이들은 이 시를 통해 배려와 협력, 그리고 '진짜 용기란 무엇인가'에 대해 스스로 질문하게 됩니다.

수업에서는 시를 읽고 안내견의 역할을 함께 떠올린 뒤 친구와 짝을 이루어 눈을 감고 길을 안내하는 체험 활동을 진행할 수 있습니다. 이런 활동은 상대방을 배려하는 마음과 책임감 있는 행동의 중요성을 몸으로 익히게 하며 시 속 장면에 대한 깊은 공감으로 이어지게 됩니다.

수업 활용

교과 상상 1-2 24-25쪽

성취기준 [2즐04-02] 자유롭게 상상하며 놀이한다.

사회 정서 역량

영역	자기		관계		공동체	마음건강
핵심역량	자기 인식	자기 관리	관계 인식	관계 관리	공동체 가치의 인식 및 관리	정신건강 인식 및 관리
본 활동			✓	✓		

수업 활동

교사: 오늘은 아주 짧지만 재미있는 관찰이 담긴 동시를 함께 읽어볼게요. 제목은 「용감한 강아지」예요. 선생님이 먼저 읽어줄게요.

학생: (집중해서 듣기)

교사: 시를 들으면서 어떤 장면이 떠올랐나요?

학생: 앞이 안 보이는 어른을 강아지가 데리고 길을 건너는 장면이 떠올랐어요.

교사: 맞아요. 이 강아지는 어떤 역할을 하고 있었나요?

학생: 길을 안내해 주는 안내견 같아요.

교사: 맞아요. 오늘은 이 시처럼 친구를 믿고 안내해 주는 활동을 해보려고 해요. 한 친구는 눈을 감고, 다른 친구는 안전하게 안내하면 됩니다. 잘할 수 있나요?

학생: 네.

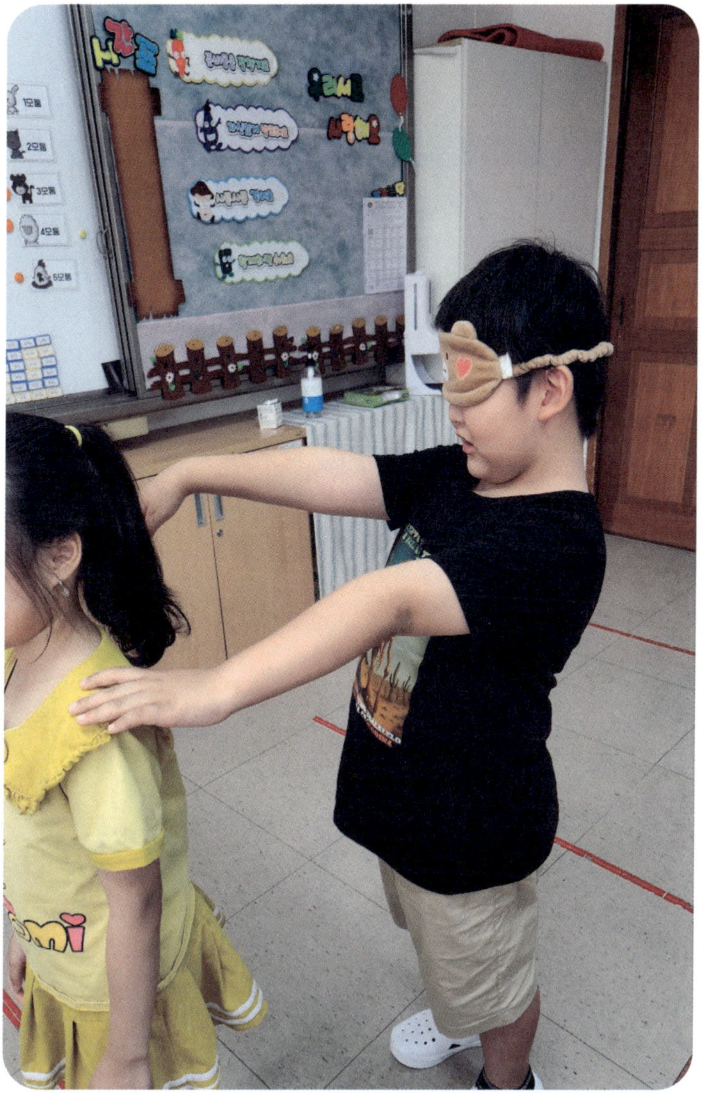

친구를 안내해 주는 모습

춤추는 도형

네모난 급식 판에
밥을 받았어

동그란 계란후라이가
반찬이었지

세모난 수박은
후식이었고

동그라미,
세모, 네모는

지금
내 뱃속에서
춤을 추고 있어.

동시 해설

「춤추는 도형」은 급식 시간에 마주한 밥, 반찬, 후식을 아이의 눈으로 관찰하고, 그 모습을 도형으로 표현한 유쾌한 동시입니다. 시인은 급식 판 위의 음식들을 네모, 동그라미, 세모라는 단순한 도형으로 바라보며, 일상 속 사물의 모양에 주목하는 재미있는 시선을 보여줍니다.

이 시는 아이들이 일상 속 사물을 다시 바라보는 관찰력, 그 안에서 재미와 미적 감각을 발견하는 감수성, 그리고 이를 말로 표현하는 창의성을 자연스럽게 기를 수 있도록 도와줍니다. 또한 수학, 미술, 언어가 서로 연결될 수 있음을 몸으로 느끼게 하며 경험을 도형과 색으로 재구성하는 활동으로 이어질 수 있습니다.

수업에서는 급식에서 본 음식의 모양을 자유롭게 그려보고 각 도형에 자신이 좋아하는 음식을 표현하는 활동을 진행합니다. 나만의 급식판을 만든 뒤에는 이를 바탕으로 짧은 문장을 만들어 보며 동시와 나의 삶이 연결된다는 것을 느끼게 할 수 있습니다.

수업 활용

교과 상상 1-2 26-27쪽

성취기준 [2슬04-02] 상상한 것을 다양한 매체와 재료로 구현한다.

사회 정서 역량

영역	자기		관계		공동체	마음건강
핵심역량	자기 인식	자기 관리	관계 인식	관계 관리	공동체 가치의 인식 및 관리	정신건강 인식 및 관리
본 활동	✓	✓				

수업 활동

교사: 오늘은 아주 짧지만 재미있는 동시를 함께 읽어볼게요. 제목은 「춤추는 도형」이에요. 선생님이 먼저 읽어줄게요.

학생: (집중해서 듣기)

교사: 시를 들으면서 어떤 장면이 떠올랐나요?

학생 1: 급식 시간에 밥 먹는 장면이 떠올랐어요.

학생 2: 도형들이 진짜로 배 속에서 춤을 추는 모습이 상상됐어요.

교사: 네모, 동그라미, 세모는 각각 어떤 음식이었나요?

학생 3: 밥은 네모, 계란 후라이는 동그라미, 수박은 세모였어요.

교사: 맞아요! 그럼 오늘은 내가 먹고 싶은 메뉴를 세모, 네모, 동그라미로 나누어 그림으로 표현하는 거예요. 어떤 도형에 어떤 음식을 담을지 생각해 봅시다.

학생 1: 저는 네모 칸에 김치볶음밥을 그릴래요!

학생 2: 저는 세모에는 딸기 케이크, 동그라미엔 미트볼이요!

교사: 아주 좋아요. 다 그린 친구들은 그림을 보며 시처럼 짧은 문장을 만들어 봐도 좋아요. 예를 들면, '세모난 케이크, 네모난 빵, 동그란 사탕이 배 속에서 춤을 춰요.' 처럼요. 재미있게 표현할 수 있나요?

학생: 네.

나만의 도형 급식판 그림

눈동자

내가 자는 동안
장난감들이
밤새 거실에서
노는지 궁금했어

몰래 지켜봤는데
장난감들이
통 움직이질 않았어

내 눈동자,
동생 눈동자

전구보다
더 밝아서
그랬나 봐

동시 해설

「눈동자」는 아이가 잠든 사이 장난감들이 놀고 있을지도 모른다는 상상에서 출발한 동시입니다. 밤에 몰래 깨어나 장난감들을 지켜보는 아이는, 장난감이 전혀 움직이지 않는 모습을 보고는 그 이유를 '내 눈동자가 전구보다 밝아서'라고 스스로 해석합니다.

이 동시는 아이들이 자신의 경험을 바탕으로 상상의 세계로 자연스럽게 나아갈 수 있도록 도와줍니다. 또한 밤이라는 시간대와 고요한 분위기 속에서 오히려 살아 움직이는 듯한 상상, 그리고 그 안에서 탄생한 아이만의 결론은 유쾌하고 따뜻한 여운을 남깁니다.

수업에서는 이 시를 통해 '눈동자의 힘'에 대해 이야기 나누고 장난감이 살아 움직이는 상상을 역할극으로 구현해 보는 활동을 진행할 수 있습니다. 누가 봐도 가만히 있어야 하고 아무도 안 볼 때 자유롭게 움직일 수 있는 장난감 역할을 직접 연기하면서 상상이 행동으로 이어지는 재미를 경험하게 됩니다.

수업 활용

교과 상상 1-2 28~29쪽

성취기준 [2슬04-02] 상상한 것을 다양한 매체와 재료로 구현한다.

사회 정서 역량

영역	자기		관계		공동체	마음건강
핵심역량	자기 인식	자기 관리	관계 인식	관계 관리	공동체 가치의 인식 및 관리	정신건강 인식 및 관리
본 활동	✓	✓				

수업 활동

교사: 오늘은 재미있는 동시를 함께 읽어볼게요. 제목은 「눈동자」예요. 선생님이 먼저 읽어줄게요.

학생: (집중해서 듣기)

교사: 시를 들으면서 어떤 장면이 떠올랐나요?

학생 1: 장난감들이 밤에 몰래 노는 모습이요!

학생 2: 그런데 사람이 보고 있으니까 안 움직이는 거 같아요.

교사: 맞아요. 시 속 아이는 장난감이 진짜로 살아서 놀 거라고 상상했는데, 몰래 지켜보니까 꼼짝도 안 했죠. 왜 그랬을까요?

학생 3: 눈동자가 전구보다 더 밝아서 들킨 것 같아요!

교사: 아주 멋진 해석이에요. 이 시는 우리가 자는 동안 장난감이 살아서 놀지도 모른다는 상상을 재미있게 표현했어요. 오늘은 우리가 장난감이 되어보는 역할극을 해볼 거예요. 처음에는 선생님이 아이 역할을 할 겁니다. 여러분들이 선생님을 보고 장난감 연기를 해보세요.

학생: 네.

(역할극 예시: 교사가 아이 역할을 한다)

① 아이가 깨어 있을 때는 장난감처럼 가만히 있기

② 아이가 잠들면 장난감들이 움직이기

교사: 이번에는 학생1이 아이 역할을 할 겁니다. 여러분들이 학생 1을 보고 장난감 연기를 해보세요.

학생: 네.

(역할극 예시: 학생이 아이 역할을 한다)

① 아이가 깨어 있을 때는 장난감처럼 가만히 있기

② 아이가 잠들면 장난감들이 움직이기

양팔을 벌리면

양팔을 벌리면
새도 될 수 있고
비행기도 될 수 있어

점심시간마다
아이들 품어주는
아름드리나무도
될 수 있어

동시 해설

「양팔을 벌리면」은 아이가 양팔을 벌리는 동작을 통해 다양한 존재로 변신하는 상상을 담고 있는 동시입니다. 특히 마지막 연 '점심시간마다 / 아이들 품어주는 / 아름드리나무도 / 될 수 있어'라는 표현은 아이의 몸짓이 단순히 무언가를 흉내 내는 수준을 넘어서 누군가에게 쉼과 품이 되어주는 존재로까지 확장됩니다.

이 동시는 아이들이 몸과 마음을 통해 세상과 연결되고 그 속에서 상상력과 감정을 표현할 수 있도록 이끌어 줍니다. 팔을 벌려 내가 되고 싶은 존재를 몸과 말로 표현하는 활동은 아이들이 자기감정을 자연스럽게 인식하고 드러내는 데 도움을 줍니다.

수업에서는 '나는 팔을 벌리면 무엇이 되고 싶을까?'라는 질문을 중심으로 말놀이, 그림 표현, 역할극 등으로 확장하면 즐겁고 감성적인 시간으로 이어질 수 있습니다.

수업 활용

교과 상상 1-2 30-31쪽

성취기준 [2즐04-02] 자유롭게 상상하며 놀이한다.

사회 정서 역량

영역	자기		관계		공동체	마음건강
핵심역량	자기 인식	자기 관리	관계 인식	관계 관리	공동체 가치의 인식 및 관리	정신건강 인식 및 관리
본 활동	✓	✓				

수업 활동

교사: 오늘은 아주 짧지만 재미있는 동시를 함께 읽어볼게요. 제목은 『양팔을 벌리면』이에요. 선생님이 먼저 읽어줄게요.

학생: (집중해서 듣기)

교사: 시를 들으면서 어떤 장면이 떠올랐나요?

학생 1: 마음이 시원해졌어요!

학생 2: 나도 새처럼 날고 싶어졌어요.

교사: 맞아요. 이 시는 '양팔을 벌리는 동작'을 통해 새, 비행기, 나무처럼 다양한 존재가 될 수 있다는 상상력을 표현했어요. 우리도 한번 '양팔을 벌리면' 될 수 있는 것들을 몸으로 표현해 볼까요?

학생: 네.

MEMO

캠핑고

우리 가족
캠핑 갈 때

도와주는
동물이 있었으면
좋겠어

텐트도 쳐주고
고기도 구워주고
나랑 숲도 걸어주면
좋겠어

지네처럼 많은 다리
불사조처럼 단단한 팔
엄마처럼 다정한 마음

그 이름은
캠핑고

동시 해설

「캠핑고」는 아이가 가족과 캠핑을 떠나는 즐거운 상상을 바탕으로, 자신을 도와줄 특별한 동물을 떠올리는 동시입니다. 무엇보다 인상적인 부분은 '지네처럼 많은 다리 / 불사조처럼 단단한 팔 / 엄마처럼 다정한 마음'이라는 구절입니다. 이 표현은 상상의 동물이 단순히 신체 능력만 뛰어난 것이 아니라 따뜻한 감정과 정서적 유대까지 갖춘 존재임을 보여줍니다.

이 동시는 아이들이 자신의 감정을 돌아보고 그 감정을 도와주는 상상의 친구를 떠올리는 활동으로 연결 짓기에 좋습니다.

수업에서는 자신만의 '○○고'를 만들고, 이름을 붙이고 생김새와 역할을 상상하는 과정에서 아이들은 감정 조절, 창의적 표현, 공감 능력을 함께 키울 수 있습니다.

수업 활용

교과 상상 1-2 32-33쪽

성취기준 [2바04-02] 다양한 생각이나 의견에 대해 개방적인 태도를 형성한다.

사회 정서 역량

영역	자기		관계		공동체	마음건강
핵심역량	자기 인식	자기 관리	관계 인식	관계 관리	공동체 가치의 인식 및 관리	정신건강 인식 및 관리
본 활동	✓	✓				

수업 활동

교사: 오늘은 재미있는 동시를 함께 읽어볼게요. 제목은 「캠핑고」예요. 선생님이 먼저 읽어줄게요.

학생: (집중해서 듣기)

교사: 시를 들으면서 어떤 장면이 떠올랐나요?

학생 1: 텐트를 대신 쳐주는 동물이요!

학생 2: 가족이랑 숲을 걷는 동물이요.

교사: 맞아요. '캠핑고'는 텐트를 치고, 고기도 굽고, 다정하게 옆을 지켜주는 상상 속 동물이었죠. 다리가 많고, 팔은 튼튼하고, 마음은 엄마처럼 따뜻하대요. 여러분도 자신의 마음을 도와주는 '감정 조절 동물'을 하나 상상해 보면 어떨까요?

학생: 화날 때 도와주는 동물도 돼요?

교사: 그럼요. 기쁠 때 같이 기뻐해 주고, 속상할 땐 토닥여 주는 나만의 동물을 만들어 보는 거예요. 생김새도 마음대로 상상하고, 이름도 붙여보세요. 그림으로 표현해 봅시다!

학생: 네.

감정 조절 동물 그림

엄마의 연주

탁탁탁
나를 깨우는 소리

톡톡톡
소금 뿌리는 소리

윙윙윙
청소기 돌리는 소리

잼잼잼
동생 주물러 주는 소리

동시 해설

「엄마의 연주」는 아이의 아침을 깨우는 엄마의 움직임을 리듬감 있는 의성어로 표현한 동시입니다. '탁탁탁', '톡톡톡', '윙윙윙', '잼잼잼'처럼 반복되는 소리는 집안 곳곳을 누비는 엄마의 손길이 하나의 음악처럼 들리게 합니다.

이 시는 아이들에게 일상의 '소리'를 새롭게 인식하게 하며 익숙한 환경 속에서도 감정과 의미를 발견하는 감수성을 길러줍니다. '연주'라는 비유를 통해 집안일을 바라보는 따뜻한 시선도 함께 전해져 가족 간의 이해와 감사의 마음을 키우는 데 도움이 됩니다.

수업에서는 가족의 하루를 소리로 표현하는 '우리 가족 소리 사전' 만들기 활동을 통해 아이들이 듣고, 느끼고, 말로 풀어내는 감각 표현 능력을 기를 수 있습니다.

수업 활용

교과 상상 1-2 36-37쪽

성취기준 [2바04-02] 다양한 생각이나 의견에 대해 개방적인 태도를 형성한다.

사회 정서 역량

영역	자기		관계		공동체	마음건강
핵심역량	자기 인식	자기 관리	관계 인식	관계 관리	공동체 가치의 인식 및 관리	정신건강 인식 및 관리
본 활동			✓	✓		

수업 활동

교사: 얘들아, 오늘은 '소리'에 귀를 기울이는 재미있는 동시를 들려줄게요. 제목은 「엄마의 연주」예요. 선생님이 먼저 읽어줄게요.

학생: (집중해서 듣기)

교사: 어떤 소리들이 들렸나요?

학생 1: 엄마가 나를 깨우는 소리요, '탁탁탁'!

학생 2: 청소기 소리요! '윙윙윙~'

학생 3: 동생 안아해 주는 소리 '잼잼잼'도 있었어요.

교사: 맞아요. 이 시는 엄마가 아침에 해주는 다양한 일들을 '소리'로 표현한 시예요. 소리만 들어도 엄마가 무얼 하고 있는지 알 수 있죠? 오늘은 우리 가족만의 특별한 소리를 모아 '우리 가족 소리 사전'을 만들어 보려고 해요.

학생: 우리 집 고양이 야옹 소리도 되나요?

교사: 물론이죠! 엄마, 아빠, 형제, 반려동물까지, 우리 가족만의 소리를 글자와 말소리로 재미있게 표현해 봅시다.

학생: 네.

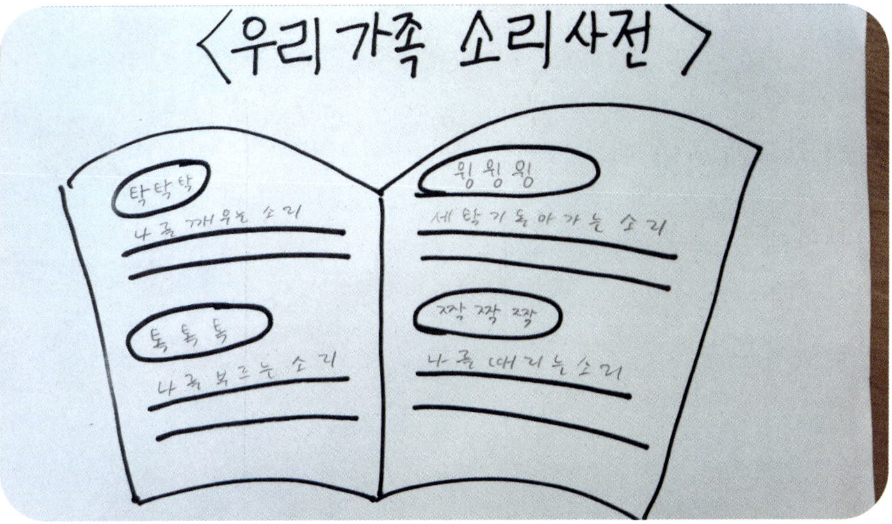
<우리 가족 소리사전>
탁탁탁
나를 깨우는 소리
톡톡톡
나를 부르는 소리
윙윙윙
세탁기 돌아가는 소리
작작작
나를 때리는 소리

우리 가족 소리 사전

초능력

초능력이 생기면
제일 먼저
순간 이동해서
집에 가봐야지

그다음엔
다시 학교에 와야 해

친구한테
인사 하는 걸
깜빡했거든

동시 해설

「초능력」은 아이의 상상 속 세계와 따뜻한 마음이 함께 담긴 동시입니다. '순간 이동해서 / 집에 가봐야지'라고 말하는 장면에서는 아이 특유의 엉뚱함과 발랄함이 느껴집니다. 또 '다시 학교에 와야 해'라는 전환을 통해 독자는 작은 반전을 만나게 됩니다.

이 시는 아이들에게 초능력처럼 대단한 일이 아니라도 진심을 담은 인사 한 마디가 얼마나 중요한지를 일깨워 줍니다. 친구와의 인사, 작별의 말, 고마움의 표현은 우리가 가진 가장 소중한 '마음의 능력'이라는 것을 자연스럽게 느끼게 합니다. 따라서 이 동시는 단순한 상상에서 그치지 않고 서로를 존중하고 배려하는 태도를 기르는 데에도 큰 의미가 있습니다.

수업에서는 아이들이 갖고 싶은 초능력을 자유롭게 상상하고 그 힘으로 가장 먼저 가고 싶은 장소를 떠올리게 할 수 있습니다. 점프와 함께 외치는 놀이 요소를 더하면 표현력이 더욱 풍부해집니다.

수업 활용

교과 상상 1-2 38-39쪽

성취기준 [2바04-02] 다양한 생각이나 의견에 대해 개방적인 태도를 형성한다.

사회 정서 역량

영역	자기		관계		공동체	마음건강
핵심역량	자기 인식	자기 관리	관계 인식	관계 관리	공동체 가치의 인식 및 관리	정신건강 인식 및 관리
본 활동	✓	✓				

수업 활동

교사: 얘들아, 오늘은 아주 특별한 능력을 상상하는 동시를 하나 읽어볼게요. 제목은 「초능력」이에요. 선생님이 먼저 읽어줄게요.

학생: (집중해서 듣기)

교사: 시에서 '나'는 어떤 초능력이 생기면 제일 먼저 뭘 하고 싶다고 했지요?

학생 1: 집에 가보고 싶대요!

학생 2: 순간 이동해서 바로 집에 간다고 했어요.

교사: 맞아요. 그런데 바로 다시 학교로 돌아온 이유는 뭘까요?

학생: 친구한테 인사하는 걸 잊어서요!

교사: 그래요. 순간 이동이라는 멋진 초능력이 생겨도, 친구와 인사하고 싶은 마음이 더 소중했던 거예요. 지금부터 초능력이 생기면 가고 싶은 곳을 발표해 봅시다.

학생 1: 저는 하와이로 가고 싶어요.

학생 2: 저는 할머니 집으로 가고 싶어요.

교사: 좋아요! 점프할 땐 정말 순간 이동하는 기분으로 크게 외쳐보면 더 재미있겠죠? 한 명씩 나와서 점프하면서 가고 싶은 곳을 힘차게 외쳐봅시다.

학생: 네.

MEMO

1학년 모여라! 동시 놀이터

8장

이야기

달님에게만

누가 소원을 말하라면
말하기 싫어

말해 봐야
잔소리만 듣지

그래서
남몰래
속삭여

달님에게만

동시 해설

「달님에게만」은 마음속 소원을 누구에게 말할지, 혹은 말하지 않을지를 조용히 고민하는 아이의 속마음을 담은 동시입니다.

이 동시는 아이들이 자신의 감정을 어떻게 지켜야 할지, 누구에게 털어놓을 수 있을지를 돌아보게 합니다. 혼자만 알고 싶은 마음 혹은 누군가에게 이해받고 싶은 바람은 어린이에게 매우 중요한 감정입니다. 말하지 않아도 믿고 의지할 수 있는 존재가 있다는 상상은 정서적으로 안정감을 주며 마음을 표현하는 데 서툰 아이들에게 조용한 위안을 전합니다.

수업에서는 '달님 명상'을 통해 조용히 마음을 들여다보는 시간을 가질 수 있습니다. 명상 후에는 '달님에게만 하고 싶은 말'을 짧은 시나 그림으로 표현하는 활동으로 이어지면 좋습니다. 말로 하기 어려운 감정을 조용히 꺼내어 보는 이 과정은 아이들의 자기 인식과 마음 건강에 큰 도움이 됩니다.

수업 활용

교과 이야기 1-2 20-21쪽

성취기준 [2바04-03] 여럿이 하는 활동에 관심을 갖고 자발적으로 협력한다.

사회 정서 역량

영역	자기		관계		공동체	마음건강
핵심역량	자기 인식	자기 관리	관계 인식	관계 관리	공동체 가치의 인식 및 관리	정신건강 인식 및 관리
본 활동	✓	✓				✓

수업 활동

교사: 얘들아, 오늘은 아주 조용하고 비밀스러운 이야기를 담고 있는 동시를 읽어보려고 해요. 제목은 「달님에게만」이에요. 선생님이 먼저 읽어줄게요.

학생: (집중해서 듣기)

교사: 시 속의 '나'는 왜 소원을 말하기 싫다고 했나요?

학생 1: 말하면 잔소리 들을까 봐 그랬던 것 같아요.

학생 2: 혼자만 간직하고 싶은 소원이었던 것 같아요.

교사: 맞아요. 여러분도 그런 마음 가져본 적이 있었나요?

학생: 네.

교사: 그 마음을 담아서 잠시 눈을 감고 조용히 명상해 보겠습니다. 달님에게만 하고 싶은 말을 생각해 보세요.

<달님 명상 예시>

1. 등을 곧게 펴고, 어깨에 힘을 빼고 편하게 앉아요.
2. 눈을 감고, 숨을 천천히 들이마시고 내쉬어요.
3. 하늘에 둥근 달이 떠 있다고 상상해요.
4. 숨을 들이마실 때, 달님이 내 마음속으로 들어온다고 상상해 보세요.
5. 숨을 내쉴 때, 달님이 내 마음을 가만히 안고 다시 나간다고 생각해 보세요.
6. 마음속에 말하고 싶은 이야기가 있다면, 조용히 달님에게 속삭여요.

교사: 자, 이제 조용히 눈을 뜨고, 달님 명상을 마쳐볼까요. 명상하는 동안 어떤 느낌이 들었나요? 마음속에 떠오른 생각이나 기분이 있었나요?

학생 1: 저는 마음이 차분해졌어요.

학생 2: 달님이 제 걱정을 들어준 것 같았어요.

교사: 네, 아주 좋았어요. 달님에게만 살짝 속삭였던 이야기를 마음속에 잘 담아두고, 앞으로도 마음이 복잡할 때 이렇게 잠깐 눈을 감고 숨을 쉬어 보는 시간을 가져 보세요.

학생: 네.

찬 바람

나는 겨우
하나 넘는데

친구는
쌩쌩이를 한다

친구가
쌩쌩이할 때

내 마음에는
찬 바람이 분다

동시 해설

「찬 바람」은 줄넘기를 잘하지 못하는 아이가 친구의 능숙한 모습을 보며 느끼는 작은 마음의 흔들림을 담은 동시입니다.

이 시는 친구와 자신을 비교하며 마음이 흔들릴 때가 누구에게나 있다는 사실을 보여줍니다. 독자 아이들은 마음에 찬 바람이 불던 경험을 떠올리며 자연스럽게 공감하게 됩니다.

수업에서는 찬 바람이 마음에 불었던 순간을 그림이나 간단한 문장으로 표현하는 활동을 해볼 수 있습니다. 아이들은 자신만의 감정을 언어로 혹은 시각적으로 풀어내며 정서 인식과 표현 능력을 키울 수 있습니다.

수업 활용

교과 이야기 1-2 26-27쪽

성취기준 [2바04-03] 여럿이 하는 활동에 관심을 갖고 자발적으로 협력한다.

사회 정서 역량

영역	자기		관계		공동체	마음건강
핵심역량	자기 인식	자기 관리	관계 인식	관계 관리	공동체 가치의 인식 및 관리	정신건강 인식 및 관리
본 활동	✓	✓				✓

수업 활동

교사: 오늘은 마음에 솔직한 이야기를 담은 동시를 함께 읽어볼 거예요. 제목은 「찬 바람」이에요. 선생님이 먼저 읽어줄게요.

학생: (집중해서 듣기)

교사: 시를 듣고 어떤 장면이 떠올랐나요?

학생 1: 친구가 줄넘기 잘하는 모습이요.

학생 2: 나는 하나밖에 못 넘는데 친구는 쌩쌩이를 해서 속상할 것 같았어요.

교사: 맞아요. 이 시는 내가 잘하지 못하는 걸 친구가 잘할 때 느끼는 마음을 표현하고 있어요. 시 속에서 '찬 바람이 분다'는 말은 어떤 감정을 표현한 걸까요?

학생 1: 질투요.

학생 2: 부러움이요.

교사: 네, 모두 정답이에요. 질투, 속상함 같은 감정이 우리 마음에 불어올 때가 있죠. 이제 우리도 '내 마음에 찬 바람이 불었던 순간'을 떠올려 보고 그때의 감정을 그림으로 표현해 봅시다.

학생: 네.

MEMO

엄마의 소원

"엄마
소원이 뭐야?"

"우리 가족이
건강한 것."

"아니, 아니
그런 거 말고
딴 거 없어?"

"우리 가족이
행복한 것."

엄마는
진짜 소원이
없는 걸까?

동시 해설

「엄마의 소원」은 아이가 엄마에게 소원을 묻는 장면에서 시작됩니다. 이 시는 아이의 순수한 궁금증과 엄마의 깊고 조용한 사랑이 부드럽게 맞닿아 있습니다. 아이는 어쩌면 장난감이나 여행처럼 눈에 보이는 소원을 기대했을지도 모릅니다. 하지만 엄마에게는 가족의 건강과 행복이 가장 큰 소원입니다. 그 소원은 너무 당연해 보여 아이 눈에는 진짜가 아닌 것처럼 느껴지지만 사실은 가장 크고 진심 어린 바람이지요.

이 동시는 엄마의 소원을 통해 아이들에게 가족의 사랑이 어떤 마음에서 나오는지를 자연스럽게 전해줍니다. 또 마음에 다 담지 못한 진심이 있을 수 있다는 것을 느끼게 해줍니다. 수업에서는 아이들이 부모님께 묻고 싶은 질문을 떠올리거나 부모님의 진짜 마음을 상상해 짧은 시나 편지를 쓰는 활동으로 확장할 수 있습니다. 그런 활동을 통해 아이들은 말보다 큰 사랑을 이해하게 되고, 누군가의 소박한 대답 뒤에 숨어 있는 진심을 더 깊이 들여다볼 수 있는 눈을 가지게 됩니다.

수업 활용

교과 이야기 1-2 28-29쪽

성취기준 [2슬04-03] 경험한 것 중에서 관심 있는 주제를 정하고 조사한다.

사회 정서 역량

영역	자기		관계		공동체	마음건강
핵심역량	자기 인식	자기 관리	관계 인식	관계 관리	공동체 가치의 인식 및 관리	정신건강 인식 및 관리
본 활동			✓	✓		

수업 활동

교사: 얘들아, 오늘은 신나는 음악 하나를 들려줄게요. 제목은 바로 '엄마는 사랑을 만드는 요술쟁이'예요. 눈을 감고, 음악을 들으며 어떤 장면이 떠오르는지 상상해 보세요.

<엄마는 사랑을 만드는 요술쟁이>

우리 엄마는 요술쟁이 어떤 일이든지 뚝딱 뚝딱 뚝딱

내가 심술 날 때면 먼저 알아주죠

우리 엄마는 손은 요술쟁이 내가 힘이 들 때면 손을 내밀며

엄마는 널 사랑한다 살짝 안아줘요

엄마의 품에 꼭 안겨 행복한 생각을 해봐요

이 세상에 모든 것이 다 내 꺼예요

우리 엄마는 요술쟁이 나를 웃게 하는 마법사죠

슬픔 대신 행복 가득 엄마의 사랑

우리 엄마는 요술쟁이 어떤 일이든지 뚝딱 뚝딱 뚝딱

세상에서 가장 좋은 엄마의 사랑

엄마의 품에 꼭 안겨 행복한 생각을 해봐요
이 세상에 모든 것이 다 내 꺼예요
우리 엄마는 요술쟁이 나를 웃게 하는 마법사죠
슬픔 대신 행복 가득 엄마의 사랑
우리 엄마는 요술쟁이 어떤 일이든지 뚝딱 뚝딱 뚝딱
세상에서 가장 좋은 엄마의 사랑 엄마의 사랑
엄마는 요술쟁이

교사: 어땠어요? 어떤 장면이 떠올랐나요?

학생 1: 저는 아침 햇살이 방 안으로 스며들고, 엄마가 저를 깨우는 장면이 생각났어요.

학생 2: 저는 엄마가 요리하면서 저한테 웃어주는 모습이 떠올랐어요.

학생 3: 저는 엄마랑 꼭 껴안고 있는 꿈속 장면 같았어요.

교사: 와, 정말 다양한 감정과 장면이 떠올랐네요. 이 노래는 엄마의 사랑이 마치 요술처럼 우리 마음을 포근하게 감싸주는 느낌을 담고 있어요. 노래 가사를 생각하면서 책상춤을 배워봅시다.

※ 엄마는 사랑을 만드는 요술쟁이: 노래) 조귀헌 작사, 윤학준 작곡, 책상춤) https://www.youtube.com/watch?v=uW8K8z2MaTs&list=RDuW8K8z2MaTs&start_radio=1

옛날, 옛날에

우리 할아버지는
옛날이야기
전문가

옛날, 옛날에
하면서

이야기보따리를 푸셔

열 번도 넘게
들었는데도
재미있어

말할 때마다
내용이 바뀌거든

쉿!
이건 비밀이야

동시 해설

「옛날, 옛날에」는 할아버지의 옛날이야기를 들으며 느끼는 아이의 기쁨과 설렘을 따뜻하게 담고 있습니다.

이 시는 아이들에게 이야기를 듣는 일이 단순히 정보를 얻는 것이 아니라 정서적인 유대와 상상의 즐거움을 주는 소중한 시간임을 알려줍니다. 특히 말의 순서나 내용이 조금 바뀌는 것조차도 새로운 재미로 느끼는 감수성은 창의적이고 유연한 사고의 기반이 됩니다. 어른과 아이가 한 공간에서 같은 이야기를 함께 상상하고 웃는 경험은 세대 간의 관계를 더욱 따뜻하게 만들어 줍니다.

수업에서는 '옛날, 옛날에'로 이야기를 시작해 이어 말하기 활동으로 확장할 수 있습니다. 학생들은 각자의 상상을 더해 한 문장씩 덧붙이며 새로운 이야기로 만듭니다. 마지막에는 그 이야기를 그림으로 표현함으로써 듣기, 말하기, 창작하기의 즐거움을 모두 경험하게 됩니다. 이 활동은 아이들이 말과 이야기에 담긴 따뜻한 감정을 자연스럽게 느끼고 표현하는 힘을 키우는 데 도움이 됩니다.

수업 활용

교과 이야기 1-2 32-33쪽

성취기준 [2즐04-03] 생각이나 느낌을 살려 전시나 공연 활동을 한다.

사회 정서 역량

영역	자기		관계		공동체	마음건강
핵심역량	자기 인식	자기 관리	관계 인식	관계 관리	공동체 가치의 인식 및 관리	정신건강 인식 및 관리
본 활동			✓	✓		

수업 활동

교사: 얘들아, 오늘은 특별한 시 한 편을 함께 읽어볼 거예요. 제목은 「옛날, 옛날에」예요. 같이 읽어볼까요?

학생: (집중해서 듣기)

교사: 어떤 내용이었나요?

학생 1: 할아버지가 옛날이야기를 자주 들려주시는 내용이에요.

학생 2: 근데 들을 때마다 내용이 바뀐대요! 재밌어요!

교사: 맞아요. 할아버지는 이야기보따리 전문가시죠. 말할 때마다 이야기가 살짝 달라져요. 오늘은 우리가 이야기보따리를 이어서 풀어볼 거예요.

학생: 어떻게요?

교사: 시 속 할아버지가 "옛날, 옛날에~" 하고 이야기를 시작하셨죠? 이제는 여러분이 뒷이야기를 상상해서 이어 말해보는 거예요. 예를 들면, "옛날, 옛날에 꼬리를 다섯 개나 가진 고양이가 살았어요."라고 시작하면 다음 사람이 한 문장씩 덧붙이며 말하는 거예요. 지금부터 시작해 볼게요.

학생 1: 그 고양이는 밤마다 달님한테 편지를 썼대요.

학생 2: 그런데 어느 날, 달님이 답장했어요.

교사: 아주 멋진 상상이에요! 달님에게 어떤 답장이 왔을까요?

학생 3: 꼬리를 하나 달라는 편지였어요.

학생 4: 고양이는 꼬리를 주기 싫어서 편지를 보내지 않았어요.

학생 5: 어느 밤, 달님이 고양이 집으로 찾아왔어요.

교사: 이야기가 점점 흥미진진해지네요! 그러면 그다음 이야기는 여러분이 각자 그림으로 마무리 지어주세요.

학생: 네.

꼬리 다섯 개 달린 고양이 뒷이야기 그림

노래

난 노래가 싫어

노래 부를 때
틀릴까 봐 두려워,
떨릴까 봐 창피해

아, 노래가 싫은 건 아니고
노래 부르는 게 싫은 거였구나!

동시 해설

「노래」는 겉으로는 '노래가 싫다'고 말하지만 끝날 무렵에야 비로소 자신의 진짜 감정을 알아차리는 아이의 섬세한 내면을 그린 작품입니다.

'틀릴까 봐 두렵고, 떨릴까 봐 창피하다'는 고백은 아이들 누구나 겪는 감정이며 이 시는 그러한 마음을 부끄럽지 않게 표현할 수 있도록 도와줍니다. 마지막 문장인 '아, 노래가 싫은 건 아니고 / 노래 부르는 게 싫은 거였구나!'는 감정을 다시 바라보는 순간으로, 자기 인식이 깊어지는 성장의 발자국이 담겨 있습니다.

아이들은 이 시를 통해 단순히 어떤 행동이 싫다고 말하기 전에 그 속에 있는 감정을 천천히 들여다보는 법을 배웁니다. 수업에서는 아이들과 함께 자신이 두려움을 느꼈던 순간을 나누어 보고 '왜 그랬을까'를 함께 생각하는 활동으로 확장할 수 있습니다. 또, 틀리더라도 괜찮다는 분위기 속에서 노래를 함께 부르는 활동으로 자연스럽게 마음의 벽을 허물 수 있습니다.

수업 활용

교과 이야기 1-2 38-39쪽

성취기준 [2즐04-03] 생각이나 느낌을 살려 전시나 공연 활동을 한다.

사회 정서 역량

영역	자기		관계		공동체	마음건강
핵심역량	자기 인식	자기 관리	관계 인식	관계 관리	공동체 가치의 인식 및 관리	정신건강 인식 및 관리
본 활동	✓	✓				

수업 활동

교사: 얘들아, 오늘은 노래에 대한 시 한 편을 함께 읽어볼 거예요. 제목은 「노래」예요. 같이 한번 읽어봅시다.

학생: (집중해서 듣기)

교사: 어떤 내용이었나요?

학생 1: 어떤 친구가 노래 부르는 걸 싫어한다고 했어요.

학생 2: 근데 진짜로 노래가 싫은 게 아니라, 부르는 게 싫었던 거래요.

교사: 맞아요, 잘 들었군요. '틀릴까 봐, 떨릴까 봐' 노래 부르기가 두려운 마음이 담겨 있네요. 혹시 여러분도 그런 마음 가져본 적 있나요?

학생: 네, 앞에 나와서 부를 때 떨려요.

교사: 그럴 수 있어요. 부끄럽고 걱정될 수 있죠. 그런데 노래는 틀려도 괜찮아요. 마음을 담아서 부르면 그게 진짜 멋진 노래가 된답니다.

학생: 진짜요?

교사: 그럼요. 오늘은 친구들과 함께 노래를 불러보려고 합니다. 노래를 정해서 연습한 다음 다 같이 앞에 나와서 불러봅시다.

학생: 저희끼리 정해도 돼요?

교사: 물론입니다. 자신 있는 노래도 좋고, 새로운 노래에 도전해도 좋아요. 중요한 건 잘 부르는 게 아니라, 용기를 내서 함께 부르는 겁니다.

학생: 네.

비밀 친구

친구에게
우리 엄마, 아빠가
자꾸 싸운다고
이야기했어

친구는
내 이야기보다
더 큰 비밀을
말해줬어

내일은
친구가 하는 말
더 많이 들어 줘야지

동시 해설

「비밀 친구」는 자신의 속상한 마음을 조심스럽게 털어놓고, 친구와 비밀을 나누며 마음이 가까워지는 과정을 따뜻하게 담아낸 동시입니다.

'우리 엄마, 아빠가 자꾸 싸운다'라는 말은 아이의 용기 있는 고백이며, 그 고백을 들은 친구가 더 큰 비밀을 나누는 장면은 서로의 마음을 진심으로 나누는 순간을 보여줍니다. 이 시는 비밀을 주고받는 일이 단순한 속삭임이 아니라 상대를 믿고 공감하며 관계를 키워가는 귀한 행동임을 알려줍니다. 마지막 구절 '내 일은 / 친구가 하는 말 / 더 많이 들어 줘야지'라는 표현은 친구의 마음을 헤아리는 다짐이자 진짜 우정이 무엇인지를 생각하게 하는 감동적인 마무리입니다.

아이들은 이 시를 통해 '비밀을 나눈다는 건 어떤 의미일까?', '진짜 친구란 어떤 사람일까?'라는 생각을 자연스럽게 떠올리며 마음을 나누고 공감하는 방법을 배울 수 있습니다.

수업에서는 친구가 들려준 이야기를 소중히 여기는 나만의 '비밀 친구 수칙'을 만드는 활동 등을 통해 사회 정서적 감수성과 관계 맺기 능력을 키울 수 있습니다.

수업 활용

교과 이야기 1-2 42-43쪽

성취기준 [2바04-03] 여럿이 하는 활동에 관심을 갖고 자발적으로 협력한다.

사회 정서 역량

영역	자기		관계		공동체	마음건강
핵심역량	자기 인식	자기 관리	관계 인식	관계 관리	공동체 가치의 인식 및 관리	정신건강 인식 및 관리
본 활동			✓	✓		

수업 활동

교사: 얘들아, 오늘은 조용히 마음을 나누는 시 한 편을 읽어볼 거예요. 제목은 「비밀 친구」예요. 함께 읽어볼까요?

학생: (집중해서 듣기)

교사: 어떤 내용이었나요?

학생 1: 한 아이가 친구한테 엄마, 아빠가 자주 싸운다고 말했어요.

학생 2: 그런데 그 친구도 더 큰 비밀을 말해줬대요.

교사: 맞아요. 친구끼리 마음을 털어놓은 이야기였죠. 비밀을 이야기한다는 건 어떤 마음일까요?

학생: 믿는 친구한테만 할 수 있는 말이에요.

학생: 용기가 필요해요.

교사: 그래요. 누군가가 우리에게 비밀을 털어놓는다면, 그건 우리를 믿는다는 뜻이에요. 우리가 비밀을 말하거나 들을 때 꼭 지켜야 할 약속은 무엇이 있을까요?

학생: 다른 사람한테 말하면 안 돼요.

학생: 놀리면 안 돼요.

교사: 참 잘 말했어요. 그래서 오늘은 '비밀을 말할 때 우리가 지켜야 할 약속'을 함께 정해보고, 나만의 '비밀 친구'가 있다면 어떤 말을 해주고 싶은지도 생각해 볼 거예요.

학생: 네!

(우리 반 비밀 수칙 예시)

1. 남에게 함부로 이야기하지 않아요.
2. 놀리거나 흉보지 않아요.
3. 진심으로 들어줘요.

약이 되는 말

괜찮아

속상한 마음에
약이 되는 말

잘했어

부끄러운 마음에
약이 되는 말

약이 되는 말을
호주머니에
늘 가지고 다닐 거야

비상약처럼
얼른 꺼내
친구에게
나눠 줄 거야

동시 해설

「약이 되는 말」은 따뜻한 말 한마디가 마음의 상처를 치유하는 '비상약'이 될 수 있음을 보여주는 동시입니다. '괜찮아'라는 말은 속상한 마음을 다독이는 것이고, '잘했어'라는 말은 부끄러운 마음에 용기를 불어넣어 주는 표현입니다. 이 동시에서는 말이 단지 의사소통의 도구가 아니라 마음을 어루만지는 치유의 힘임을 알려줍니다. '약이 되는 말을 / 호주머니에 / 늘 가지고 다닐 거야'라는 표현은 아이가 스스로 마음의 응급약을 준비해 두고 친구에게 나누는 따뜻한 마음을 상징합니다.

이 동시는 아이들에게 말의 힘을 자연스럽게 일깨워 줍니다. '나는 어떤 말을 들을 때 힘이 날까?', '내가 친구에게 해 줄 수 있는 말은 무엇일까?'라는 것을 고민하게 만들며 상대방의 마음을 생각하는 공감 능력과 관계 맺는 힘을 길러줍니다. 친구가 힘들 때 곁에서 해줄 수 있는 '약이 되는 말'을 준비하며 아이들은 말과 마음이 연결된다는 것을 배웁니다.

수업에서는 아이들이 경험했던 '약이 되는 말'을 떠올리고 그것을 종이 모빌로 꾸며 교실에 전시합니다. 이 활동은 아이들에게 서로의 마음을 보듬고 응원하는 따뜻한 공동체를 향한 출발점이 될 것입니다.

수업 활용

교과 이야기 1-2 56-57쪽

성취기준 [2바04-03] 여럿이 하는 활동에 관심을 갖고 자발적으로 협력한다.

사회 정서 역량

영역	자기		관계		공동체	마음건강
핵심역량	자기 인식	자기 관리	관계 인식	관계 관리	공동체 가치의 인식 및 관리	정신건강 인식 및 관리
본 활동	✓	✓				✓

수업 활동

교사: 얘들아, 오늘은 마음에 약이 되는 특별한 시를 읽어볼 거예요. 제목은 「약이 되는 말」이에요. 함께 읽어볼까요?

학생: (집중해서 듣기)

교사: 시에서 어떤 말들이 '약이 되는 말'이었나요?

학생 1: '괜찮아.'요. 속상할 때 들으면 마음이 조금 편해져요.

학생 2: '잘했어.'도 나왔어요. 부끄러울 때 누가 그렇게 말해주면 기운이 나요.

교사: 맞아요. 누군가의 한마디가 마음을 따뜻하게 해줄 수 있죠. 여러분은 친구에게 어떤 말을 들었을 때 기분이 좋아졌나요?

학생 1: 저는 "함께 놀자."라는 말이 좋아요. 외롭지 않아서요.

학생 2: 저는 "네가 있어서 좋아."라는 말을 들었을 때 정말 기뻤어요.

교사: 정말 좋은 말이네요! 오늘은 우리 각자 마음속에 있는 '약이 되는 말'을 떠올려 보고 그 말을 예쁘게 꾸며서 모빌로 만들어볼 거예요. 완성된 모빌은 교실에 걸어두면 서로에게 힘이 되는 말이 가득한 공간이 되겠죠?

학생: 좋아요!

교사: 자, 그러면 먼저 친구나 가족에게 해주고 싶은 '약이 되는 말' 하나를 골라보세요. 그리고 그 말이 어떤 상황에서 필요한지도 함께 써보는 거예요. 예쁘게 꾸미는 것도 잊지 말고요!

학생: 네.

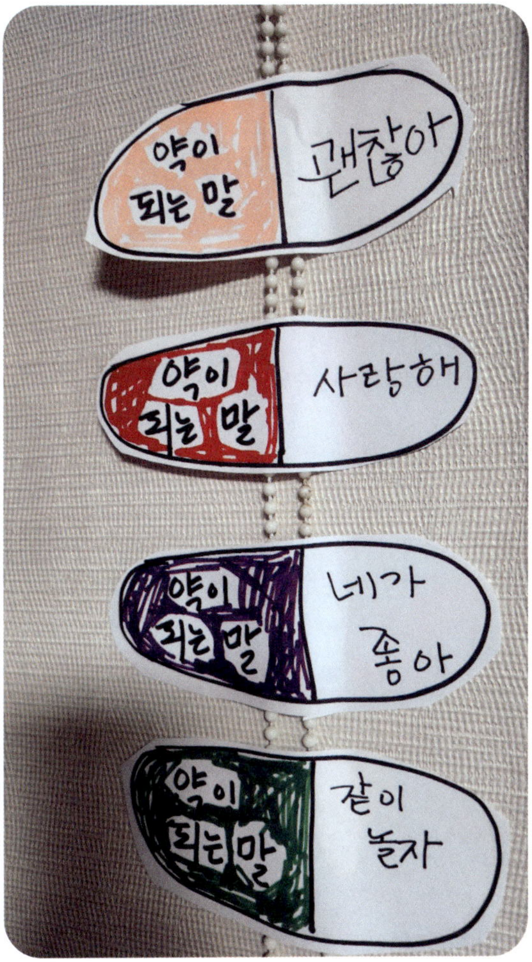

약이 되는 말 모빌

1학년 모여라! 동시 놀이터
사회정서 역량을 길러주는 1학년 통합교과수업 연계 동시집

초판발행 2025년 10월 31일

지은이 유영미
펴낸이 노 현

편 집 이혜미
기획/마케팅 이선경
표지디자인 이은지
제 작 고철민·김원표

펴낸곳 ㈜피와이메이트
서울특별시 금천구 가산디지털2로 53, 210호(가산동, 한라시그마밸리)
등록 2014.2.12. 제2018-000080호
전 화 02)733-6771
f a x 02)736-4818
e-mail pys@pybook.co.kr
homepage www.pybook.co.kr
ISBN 979-11-7279-179-7 93370

정 가 24,000원

박영스토리는 박영사와 함께하는 브랜드입니다.